DaiGo

# LA MAGIA DE LA CONCENTRACIÓN

DaiGo

# LA MAGIA DE LA CONCENTRACIÓN

## Alcanza el máximo potencial de tu mente

Traducción:
Natalia Herrero

VERGARA

El papel utilizado para la impresión de este libro ha sido fabricado a partir de madera procedente de bosques y plantaciones gestionadas con los más altos estándares ambientales, garantizando una explotación de los recursos sostenible con el medio ambiente y beneficiosa para las personas.

Penguin Random House Grupo Editorial

**La magia de la concentración**
*Alcanza el máximo potencial de tu mente*

Título original: *It´s all in your head. Perfecting Your Powers of Concentration*

Primera edición: febrero, 2021



ISBN: 978-607-319-292-7

Impreso en México – *Printed in Mexico*

# Índice

PARTE 3

**Cómo recuperarse del cansancio: Las tres curas**

# Prefacio

Debo confesar algo.

Cuando era niño, mi capacidad para poner atención era limitada y apenas podía quedarme quieto. Mis padres y mi abuelo pensaban que tenía un problema de aprendizaje.

Naturalmente, mis calificaciones eran bajas —para ser exactos, estaba en el lugar 224 de 227 estudiantes en mi grado escolar. Incluso en aquellos días en los que de milagro permanecía sentado en mi pupitre por un largo rato, rara vez aprendía algo, pues en realidad no estaba concentrado en lo que hacía.

En retrospectiva, es probable que mi incapacidad para permanecer quieto como los demás haya sido la causa del acoso escolar que sufrí desde primero de primaria hasta segundo de secundaria.

Cansado del hostigamiento y de sacar calificaciones más bajas que casi todos mis compañeros, decidí estudiar duro y cambiarme a mí mismo.

En un inicio, esto no fue fácil. Solía sentarme en mi pupitre, decidido a vengarme de aquellos que me habían menospreciado y convertirme en una nueva versión de mí mismo, tan sólo para perder la concentración y aventar mi pluma en señal de frustración. Esto sucedió por un buen tiempo.

Más tarde, tras darme cuenta de que mi capacidad para poner atención era menor comparada con la de otros, abandoné la idea de estudiar por completo. En cambio, recurrí a libros de psicología y neurociencia, y comencé a explorar métodos que me ayudaran a mejorar mi concentración.

Fue un largo proceso de ensayo y error.

Con el tiempo, mis esfuerzos rindieron frutos. Me aceptaron en el Departamento de Ciencia e Ingeniería de la Universidad Keio sin tener que asistir a una escuela preparatoria. En la actualidad soy asesor de negocios y orador; también participo en capacitación empresarial, aparezco en televisión, publico videos en Niconico y leo entre 10 y 20 libros al día. Todo esto es posible gracias a mi capacidad para concentrarme —una habilidad que he cultivado a lo largo de los años.

Saber cómo leer con rapidez y eficiencia me permite absorber grandes cantidades de información que, a su vez, son aplicables a mi propio trabajo, donde me gusta pensar que he cosechado logros importantes. Puedo decir con absoluta confianza que la posición que ocupo hoy se debe en su totalidad a mi capacidad para concentrarme.

## La concentración es una habilidad y puede aprenderse con rapidez

He dedicado muchos años a mejorar mi concentración y lo cierto es que no me arrepiento. Sin embargo, es probable que carezcas del tiempo suficiente para hacer lo que yo hice, aunque lo desees; la mayoría de la gente está demasiado abrumada por su trabajo o sus estudios para destinar una parte de su tiempo —meses, años— al tema de la concentración.

Bueno, pues no te preocupes. Dejaremos la investigación en manos de los científicos, muchos de los cuales ya han presentado sus hallazgos respecto a la concentración. Lo que me gustaría hacer en este libro es compartir mi método para mejorar la capacidad de concentración, con base en mi propia experiencia.

**La concentración no es un don con el que algunas personas nacen, sino una habilidad que puede desarrollarse mediante el entrenamiento y la práctica.**

## Concéntrate y agrega un mes a tu calendario

Digamos que conoces a alguien que practica la misma profesión que tú. Esta persona siempre entrega su trabajo antes de que tú lo hagas, ha escalado posiciones a nivel laboral y continúa siendo exitosa.

¿Qué es lo que tiene esta persona que no tengas tú? ¿Talento natural? Quizá, aunque los verdaderos genios son difíciles de encontrar, también es posible que esta persona dedique una buena parte de su tiempo al trabajo, aunque no lo demuestre.

La diferencia entre esta persona y tú no es el talento innato. Yo soy el mismo individuo que cuando era más joven, un chico cuya capacidad de atención era tan limitada que angustiaba a sus padres y maestros.

La diferencia radica en si sabes o no enfocar tu atención. Cuando era niño, no podía concentrarme porque me preocupaba todo lo que me rodeaba. Desde entonces, **he aprendido a controlar mi concentración al enfocar mi atención en una tarea específica para cumplir un objetivo específico**. Con este método, la cantidad de trabajo que solía manejar en una hora aumentó de forma dramática.

El tiempo —24 horas al día— es un activo que ha sido distribuido entre nosotros de manera equitativa. Sin embargo, lo que podemos lograr en esas 24 horas depende, en gran medida, de que tan bien controlemos nuestra concentración.

La concentración nos permite aprender y lograr más en un menor tiempo. Al reducir la cantidad de tiempo que dedicamos a leer y trabajar, podemos mejorar nuestra productividad; incluso en un sólo día es posible conseguir lo que el adulto promedio obtendría en seis meses. **Yo leo 20 libros al día, lo que me hace 200 veces más productivo que el adulto promedio**, quien se supone lee tres libros al mes.

Al concentrarnos, no sólo mejoramos nuestras calificaciones y rendimiento, sino que también tenemos más tiempo libre para nuestra vida personal.

## ¿Cómo concentrarte aunque estés cansado?

Una vez que aprendas a controlar tu concentración, serás capaz de mantenerte enfocado sin importar cuánta energía tengas. Todos conocemos a ese colega o jefe que incluso después de trabajar horas extra en la oficina durante varios días, sigue siendo un pilar de estabilidad; nos maravillamos ante el atleta que mantiene un alto nivel de desempeño a lo largo de una serie de pruebas desafiantes. ¿Cuál es su secreto? La gente capaz frente a la adversidad es aquella que convierte sus habilidades en **hábitos que no requieren concentración**.

Usemos el golf como ejemplo. Un golfista profesional no piensa en dónde pararse o cómo alternar su peso de un lado al otro cuando está a punto de pegarle a la pelota. Es algo que le viene de forma natural, ya que lo ha repetido millones de veces. En lugar de pensar en su *swing*, **puede centrar su atención en su estrategia para ganar el juego**.

Cuando nos concentramos en algo, utilizamos el lóbulo frontal de nuestro cerebro. Sin embargo, en cuanto una actividad se convierte en un hábito, o en segunda naturaleza, lo que alguna vez sucediera en el lóbulo frontal ahora ocurre en el cerebelo. **Esto significa que el lóbulo frontal puede encargarse de otras actividades, lo que aumenta nuestra capacidad de atención**. Las personas que aparentan estar concentradas incluso cuando están cansadas en realidad no están concentradas; no necesitan estarlo, ya que la práctica constante ha provocado que realicen algunas actividades de forma natural.

Al convertir una actividad en un hábito, liberamos al lóbulo frontal de sus presiones, y entonces podemos **utilizarlo para concentrarnos en adquirir una habilidad diferente.** Una vez adoptado este ciclo, tu capacidad de concentración no hará más que aumentar.

Si estudias para un examen de certificación y te resulta difícil concentrarte tras llegar a casa después de un largo día de trabajo, o te distraes con facilidad en la oficina durante las horas de mayor actividad, entonces has elegido el libro indicado. Continúa leyendo y aprenderás a enfocarte de forma automática, sin importar que tan cansado estés.

**Lo importante es concentrarse en una sola actividad y convertir cada actividad en un hábito a través de la práctica. Ésta es la clave para conquistar el poder de la concentración de forma definitiva.**

El método se adapta tanto al ambiente escolar como al laboral. Si creías que al trabajar 10 horas al día o desvelarte redactando una propuesta eras productivo, te pido que recapacites: acciones como éstas sólo dañan tu eficiencia y salud.

Puedes dejar de culparte a ti mismo. El hecho de que no puedas concentrarte no quiere decir que seas flojo. Lo único que necesitas hacer es entender el mecanismo detrás de la concentración y aplicarlo a tu vida, y muy pronto lograrás más en un menor tiempo.

A continuación menciono algunas frases de Séneca, el antiguo filósofo romano, sobre la brevedad de la vida:

*La vida es corta. Nuestro tiempo en la Tierra es tan efímero como un arcoíris.*
*La vida es corta. Leer un libro significa abstenerse de otro.*
*La vida sólo dura 30 000 días.*

Pero no te desanimes. Al aprender a controlar tu concentración, tendrás una vida más rica y satisfactoria. **Leer un libro no siempre implicará abstenerse de otro.**

Pon en práctica los métodos que comparto en este libro y pronto notarás cómo tu vida se volverá más plena y productiva de lo que habías imaginado. Si controlas tu concentración, controlas tu vida, y ésta es una habilidad que te ayudará siempre.

DaiGo
Mentalista

Fotografía: ©Ken Hayafune

# PARTE 1

## Las tres reglas para controlar tu concentración

# Principios básicos para mejorar tu concentración

En el prefacio describí de manera breve el mecanismo que se encuentra detrás de nuestra capacidad para concentrarnos. En la parte 1, me gustaría compartir algunas reglas importantes para aumentar tu concentración y, al mismo tiempo, aclarar **tres ideas erróneas que probablemente obstaculizan** tu capacidad para concentrarte.

Éstas son las tres reglas para controlar tu concentración:

Regla 1: La concentración es una habilidad que requiere práctica.

- No tiene nada que ver con el talento innato o la firmeza de carácter.

Regla 2: La concentración no está diseñada para durar mucho tiempo.

- Las acciones de corto plazo son las más efectivas.

Regla 3: La concentración se logra al entender cómo funciona el cerebro.

- El cansancio no es más que una ilusión del cerebro.

La metodología que comparto en este libro se basa en evidencia científica. Con el entrenamiento adecuado, cualquiera puede lograr el alto nivel de concentración exhibido por los atletas de alto rendimiento y otros profesionales.

¿En tu infancia te regañaban por no poder quedarte quieto? ¿A menudo te quedas dormido luego de unos minutos de empezar a leer un libro? No pierdas la esperanza: si sientes que nunca has sido bueno para concentrarte, eso significa que tu potencial de cambio es mucho mayor. La concentración es una habilidad y ésta puede aprenderse. Continúa leyendo para descubrir cómo hacerlo.

## Regla 1: La concentración es una habilidad que requiere práctica.

▸ No tiene nada que ver con el talento innato o la firmeza de carácter.

El concepto erróneo más común que la gente tiene sobre la concentración es verla como un don con el que algunos nacen. Esta idea falsa atormenta a quienes tienen dificultades para concentrarse, pues se sienten inferiores y preocupados por el hecho de que su incapacidad para concentrarse sea malinterpretada y los marque como personas flojas.

Si éste es tu caso, no temas más. No debes sentirte mal ni preocuparte por tu falta de concentración. **Lo único que te separa de quienes poseen altos niveles de concentración es la práctica, además del entendimiento sobre cómo funciona la concentración.**

Sin embargo, muy pocas personas están conscientes de este hecho. Por ejemplo, cuando ofrezco una plática en una compañía o escuela, la gente siempre me pregunta sobre la concentración. Una preocupación frecuente entre los empleados de las empresas es la incapacidad para concentrarse; muchos de ellos tienen que trabajar horas extra para concluir sus tareas. La gente que tiene este problema suele tardarse en iniciar sus labores. Incapaces de concentrarse, terminan por trabajar horas extra o llevarse trabajo pendiente a casa. Al no utilizar toda su capacidad de concentración, **desperdician horas sagradas de su vida.**

Lo mismo sucede con los estudiantes. Algunos de ellos, sobre todo quienes se preparan para los exámenes de admisión a la preparatoria o la universidad, me han pedido consejos como: "¿Cómo resisto la tentación de revisar mi celular mientras estudio?" y "¿Cómo evito distraerme en cuanto abro mi libro de texto?".

Comprendo su dolor. Cuando era niño, yo también tenía problemas para concentrarme. No podía quedarme quieto y todos los que me rodeaban pensaban que tenía un problema de aprendizaje.

Pero mírame ahora. Tengo control absoluto sobre mi concentración y leo entre 10 y 20 libros diarios. Esto se debe a que he estudiado la metodología para mejorar la concentración y la he puesto en práctica.

La concentración es algo que puedes construir. No tiene nada que ver con los genes o la personalidad, mucho menos con el talento o la fortaleza de carácter. Lo único que debes hacer es **aprender la teoría y ponerla en práctica, y muy pronto controlarás tu concentración por completo**.

## La fuerza de voluntad del lóbulo frontal: ¿De dónde proviene nuestra concentración?

Para mejorar tu concentración es importante conocer su procedencia.

**El origen de la concentración está en el lóbulo frontal del cerebro, que se ubica aproximadamente 2.5 centímetros detrás de la frente**. El tamaño del lóbulo frontal es lo que nos diferencia de otros animales; se dice que éste es lo que nos hace humanos, la parte más esencial del cerebro, responsable del pensamiento y la creatividad.

A medida que los humanos evolucionaron, dicho lóbulo creció, concediéndonos **la capacidad de controlar nuestros pensamientos y emociones. Esto se conoce como fuerza de voluntad**, un poder que sólo los humanos poseen.

La fuerza de voluntad es la cantidad de energía disponible en el lóbulo frontal. Al igual que la cantidad de energía asignada a un personaje en un juego de rol, **nuestra fuerza de voluntad es limitada y se agota continuamente cada vez que la utilizamos para concentrarnos**. Y así como podemos recurrir a las pociones y la magia para restaurar nuestra energía en un juego, también podemos recuperar nuestra fuerza de voluntad al dormir y comer bien (en la parte 2, ahondaré más en esto).

## El mecanismo incomprendido de la concentración

Existen dos aspectos de la fuerza de voluntad que me gustaría abordar:

- Nuestra fuerza de voluntad es limitada y se agota cada vez que la empleamos para concentrarnos.
- La fuerza de voluntad proviene de un solo lugar.

Aquí lo que me gustaría enfatizar es el segundo punto: **la fuerza de voluntad proviene de un solo lugar**.

Cuando pensamos en los distintos problemas que enfrentamos en nuestra vida diaria —el trabajo, la alimentación, el deporte, la familia—, solemos verlos como asuntos independientes. Los problemas en el trabajo no deberían tener ninguna influencia en nuestra alimentación; los conflictos en el hogar no deberían servir como excusa para desconcentrarnos en la oficina; liberar el estrés a través del deporte no tiene ninguna correlación con nuestra eficiencia laboral.

Esta perspectiva se basa en la noción incorrecta de que la fuerza de voluntad para nuestra vida laboral y personal deriva de sitios separados. Esto no es así. **La fuerza de voluntad requerida para dos actividades** aparentemente inconexas, como redactar una propuesta y evitar comer esa colación de media tarde, **proviene del mismo lugar**.

Así que si tienes dificultades para mantener una alimentación sana a causa de los problemas en el trabajo, o si no puedes concentrarte en la oficina por tus problemas en casa, deja de castigarte por ello: es completamente normal. Sólo significa que has agotado tu fuerza de voluntad y que tu cerebro necesita descansar.

## Dos enfoques para desarrollar tu concentración

Aunque la idea de desarrollar tu propia fuerza de voluntad puede parecer intimidante, en realidad el método de entrenamiento es bastante sencillo. Se basa en dos ideas: **la primera es incrementar tu reserva** de fuerza de voluntad a través del entrenamiento; **la segunda es reducir la cantidad de fuerza de voluntad** que consumes al modificar tus actividades y hábitos diarios. Ésta es la manera más eficiente de mejorar tu concentración.

Primero, hablemos sobre cómo incrementar tu suministro de fuerza de voluntad. No todos nacen con la misma cantidad de ella. Así como algunas personas nacen con músculos más fuertes que otras, la fuerza de voluntad también varía de individuo a individuo. Sin embargo, los músculos pueden trabajarse, al igual que la fuerza de voluntad. Existen un sinfín de métodos en el mercado, pero **este libro se concentra en aquellos que puedes empezar a utilizar a partir de hoy y que ofrecen resultados casi inmediatos**.

Veamos un experimento realizado por el psicólogo social estadounidense Roy Baumeister. Con el fin de encontrar una forma eficiente para mejorar la concentración, el doctor Baumeister experimentó con tres grupos de estudiantes.

A los estudiantes del primer grupo se les pidió que prestaran atención a su postura durante dos semanas, sin importar si se encontraban sentados o de pie. Al segundo grupo se le pidió que llevara un registro de todos los alimentos ingeridos durante dos semanas; además de lo que comieron durante el desayuno, la comida y la cena, los estudiantes también anotaron las colaciones que ingirieron mientras estudiaban y las papitas que comieron mientras veían la televisión por la noche. Al tercer grupo se le dijo que mantuviera una actitud positiva durante dos semanas; los estudiantes hicieron justamente eso, incluso en aquellos momentos en los que se sentían algo tristes.

Al término de las dos semanas, los estudiantes se reunieron en un salón y se les pidió que realizaran una tarea monótona y tediosa mientras se transmitía un programa de comedia en la televisión del aula.

¿Puedes adivinar cuál fue el grupo que mostró una mayor concentración?

## ¿Por qué vigilar la postura mejora tu concentración?

Quizás pienses que el segundo grupo, al cual se le asignó la tarea de llevar un registro de alimentación detallado durante dos semanas, mostró la mayor mejoría en términos de fuerza de voluntad. En realidad, el primer grupo fue el que tuvo un mejor desempeño —el grupo al que se le pidió prestara atención a su postura durante dos semanas, sin importar si sus miembros se encontraban sentados o de pie. ¿Por qué? Bueno, pues porque **se requiere mucha fuerza de voluntad para dejar de hacer algo que solemos hacer de forma inconsciente en nuestra vida cotidiana.**

La postura es algo de lo que, por lo general, no estamos conscientes. Sabemos que es importante, pero antes de siquiera notarlo, empezamos a encorvarnos, o a recargar los codos sobre la mesa, o a cruzar las piernas. Al realizar un esfuerzo consciente por mantener una buena postura durante dos semanas, nuestros hábitos inconscientes de pronto se vuelven conscientes. Los estudiantes del primer grupo se enderezaban cuando notaban que comenzaban a encorvarse, y se esforzaban continuamente por sentarse sin poner los codos sobre la mesa o cruzar las piernas. Esto es mucho más difícil de lo que parece y requiere más concentración de la que imaginamos.

Piensa en ello como levantar pesas en el gimnasio. En lugar de trabajar tus músculos, **puedes fortalecer tu fuerza de voluntad al sorprenderte en un acto inconsciente de forma constante y luego corregirlo**. A esto se le conoce como el efecto de monitoreo: al observar nuestros actos de manera objetiva y evaluar cuán bien lo hicimos, experimentamos una especie de satisfacción (o decepción) que nos impulsa a ser mejores.

De esta manera, podemos incrementar nuestra reserva de fuerza de voluntad mediante un entrenamiento que nos permita hacer conscientes nuestros hábitos inconscientes. No tiene nada que ver con el talento innato o la personalidad; sólo requiere práctica.

Vigilar tu postura no es la única manera de prepararte. Por ejemplo, se ha comprobado que utilizar tu mano no dominante para realizar tareas cotidianas —cepillarte los dientes, abrir la puerta, manejar el ratón de la computadora— puede tener un efecto similar en tu fuerza de voluntad. Ahondaré más en ello en la parte 2.

## Actividades cotidianas que consumen nuestra fuerza de voluntad

A continuación me gustaría explicar cómo reducir la cantidad de fuerza de voluntad que consumimos al convertir actividades que requieren concentración en hábitos. Pero primero quisiera formular una pregunta: ¿Cuáles son estas actividades?

- Sentarte en tu escritorio y estudiar arduamente.
- Redactar una propuesta en tu computadora.
- Pensar en tu siguiente tiro en una mesa de billar.
- Concwentrarte en los movimientos de tu mano mientras tejes.

Cuando pensamos en actividades que requieren concentración, por lo general imaginamos situaciones en donde estamos haciendo algo o a punto de hacer algo. Los ejemplos mencionados arriba sin duda se refieren a actividades que requieren nuestra atención y consumen nuestra fuerza de voluntad.

Ahora considera lo siguiente:

- Abstenerte de comer postre porque estás a dieta.
- Sentirte frustrado por ser incapaz de concentrarte en tus estudios.
- Ser incapaz de contestarle a un cónyuge fastidioso.
- Asistir a un seminario e imaginar tu futuro profesional dentro de tres años.

Aunque no lo creas, estas actividades también requieren concentración. No sólo consumimos fuerza de voluntad cuando nos concentramos en una tarea específica, sino también cuando queremos hacer algo o somos incapaces de obtener lo que queremos.

**Hacer algo, no hacer algo, desear hacer algo. Todas estas opciones y decisiones son controladas por el lóbulo frontal**, y se acumulan. Con cada elección y decisión que tomamos, el cerebro consume energía; en consecuencia, nuestra fuerza de voluntad disminuye.

El cerebro comienza a agotarse, **tal y como le sucede al cuerpo tras realizar trabajo manual**. Si se nos obliga a soportar una carga pesada una y otra vez, muy pronto nos sentiremos demasiado cansados para movernos. De la misma manera, nuestra fuerza de voluntad se agota cuando nos concentramos, luchamos contra la tentación o pensamos en tareas futuras —incluso aunque sean planes para el día siguiente.

**Cuando disminuye nuestra fuerza de voluntad, también disminuye nuestra capacidad para concentrarnos.** Es por eso que es tan importante controlar la cantidad de fuerza de voluntad que consumimos al convertir actividades y tareas en hábitos.

## La verdadera razón por la cual te sientes "cansado"

En *El arte de elegir*, la autora Sheena Iyengar, profesora en la Universidad de Columbia, describe un interesante experimento sobre la toma de decisiones en los humanos. El método empleado se resume enseguida.

En el experimento, la profesora Iyengar y su equipo exhibieron 24 tipos distintos de jalea en un supermercado un día, y seis tipos de jalea otro día. Encontraron que los clientes se detenían a probar una muestra cuando había más jaleas disponibles, lo que mostró que una oferta más amplia atraía a un mayor número de clientes. Sin embargo, cuando se trataba de comprar, los números se revertían: era más probable que los clientes compraran un producto cuando habían visto una oferta menor.

Los resultados de este experimento han tenido un efecto significativo en la mercadotecnia empresarial. En la actualidad, mucha gente piensa que es mejor ofrecer menos opciones si el objetivo es vender un producto. El exceso de opciones priva a los clientes de su fuerza de voluntad y, en última instancia, de su capacidad para tomar la decisión de comprar.

De acuerdo con un estudio realizado en Estados Unidos, la gente realiza en promedio 70 elecciones y decisiones todos los días.

*¿Qué debería desayunar? ¿Qué me pongo? ¿Qué ruta debería tomar al trabajo? ¿Qué tarea debería realizar primero? ¿Debería responder esa llamada o no? ¿Necesito responder este correo ahora mismo? ¿Debería opinar en la reunión o guardar silencio?*

Cuando hacemos algo, o no hacemos nada, o simplemente queremos hacer algo, estamos eligiendo y tomando decisiones, lo que consume nuestra fuerza de voluntad. Si te sientes energizado por la mañana, pero drenado al final del día, es perfectamente normal: así es como funciona el cerebro.

Tal y como lo demuestra el estudio de la jalea, cuando nuestra fuerza de voluntad mengua, nos volvemos incapaces de tomar una decisión. Entonces, la postergamos.

No obstante, cuando postergamos la toma de una decisión, ésta permanece en nuestra mente de forma inconsciente como una tarea pendiente en todo momento. Esto se conoce como la **fatiga de decisión** y también consume nuestra fuerza de voluntad. **La acción no es la que nos agota, sino la toma de decisiones**.

La razón por la cual postergamos las cosas cuando nos sentimos cansados es porque no tenemos suficiente energía disponible para tomar una decisión. Al ser incapaces de concentrarnos, postergamos. Pero **entre más postergamos las cosas, más fuerza de voluntad gastamos.** Ése es el motivo por el que postergar rara vez ayuda; de hecho, lo único que hace es volver las cosas más estresantes y tediosas.

Y no me refiero a las decisiones importantes. Las pequeñas decisiones en nuestra vida cotidiana —enviarle un correo electrónico a alguien, comprar algo que necesitaremos más adelante— también merman nuestra capacidad para concentrarnos en cosas más relevantes. Cuando postergamos algo, nuestra fuerza de voluntad se agota lentamente hasta que tomamos una decisión.

**Por eso resulta de vital importancia tomar decisiones con rapidez y construir un sistema que posibilite la toma instantánea de decisiones**. Para lidiar de forma efectiva con tareas menores que interfieren con las cosas más importantes, recomiendo el procesamiento por lotes.

## ¡Pruébalo! – Procesamiento por lotes

La mejor forma de lidiar con las tareas cotidianas es realizarlas todas al mismo tiempo cuando acabe el día. A esto se le llama procesamiento por lotes.

Lo único que necesitas es una etiqueta tipo post-it grande. Cuando te venga a la mente alguna tarea que necesitas resolver mientras trabajas o estudias, anótala y olvídate de ella. Concéntrate en la tarea actual. Luego, al finalizar el día, vuelve a mirar tu post-it y realiza en ese momento todas las tareas que anotaste antes.

No tiene que ser un post-it. Puede ser un bloc de notas —impreso o digital— o la grabadora de voz de tu teléfono celular. Lo importante es sacar las tareas menores de tu mente cuando estás concentrado en otra cosa. Si la tarea puede resolverse en un minuto, entonces podrías realizarla en ese instante para olvidarte de ella, pero por lo general **es mejor mantenerse enfocado en una sola tarea una vez que has comenzado a concentrarte**. Después de concluida tu tarea principal, entonces puedes prestarle atención a las pequeñas cosas. Asegúrate de cumplir todas estas tareas menores al término de cada día; no las arrastres al día siguiente.

Así que la próxima vez que estés en una junta, no postergues tomar esa decisión en una fecha futura. La decisión sin tomar permanecerá en tu mente, lo que erosionará tu fuerza de voluntad. Para obtener más detalles sobre cómo tomar una decisión instantánea, por favor, consulta la sección sobre los hábitos en la parte 2.

### Controla tu fuerza de voluntad para convertir todo en un hábito

Existen dos tipos de personas: aquellas que desperdician su energía al realizar tareas cotidianas, y aquellas que permanecen concentradas a lo largo del día. La diferencia entre ambas radica en su capacidad de ahorrar la energía que consumen cuando realizan una tarea específica. **Podemos preservar nuestra fuerza de voluntad al convertir cada tarea en un hábito.**

Cuando una actividad se convierte en un hábito, entonces podemos enfocarnos en ésta sin utilizar nuestra fuerza de voluntad. Es como andar en bicicleta. Una vez que sabemos cómo funciona, podemos hacerlo sin pensarlo. No tenemos que preocuparnos por decidir con qué pie empezar a pedalear o concentrarnos en cada movimiento. Esto significa que nuestra fuerza de voluntad permanece prácticamente intacta. **El lóbulo frontal, al ser remplazado por el cerebelo, puede descansar o enfocarse en otras cosas.**

Al no utilizar tu fuerza de voluntad, es posible que mantengas la concentración a lo largo del día. Entonces puedes usar esa fuerza de voluntad extra para convertir otras actividades importantes en hábitos.

Si sientes que tu concentración no dura mucho tiempo, es probable que estés *demasiado* enfocado. Entre más te concentras, más rápido se agota tu fuerza de voluntad. Tu fuerza de voluntad es limitada; si la utilizas de forma ineficiente, tarde o temprano te desconcentrarás. **Una actividad que aún no se ha vuelto un hábito requiere concentración cada vez que se realiza**, y sólo es posible procesar una actividad a la vez, lo que incrementa la ineficiencia. Para salir de este círculo vicioso, necesitas centrar tu atención en convertir las actividades en hábitos. A medida que estas tareas se convierten en hábitos, aprenderás a procesarlas por separado sin ocupar tu fuerza de voluntad. Al conservar tu energía, sabrás enfocarte en cosas más importantes y lograrás controlar tu concentración.

Para más detalles sobre cómo convertir una actividad en un hábito, por favor continúa leyendo hasta la parte 2.

**Conclusión:**

Puedes mejorar tu concentración al 1) incrementar tu reserva de fuerza de voluntad y 2) reducir tu consumo de fuerza de voluntad.

## Regla 2: La concentración no está diseñada para durar mucho tiempo.

▸ Las ejecuciones de corto plazo son las más efectivas.

La segunda idea errónea que la gente tiene respecto a la concentración es que está hecha para durar mucho tiempo. Muchas personas asumen que la concentración es algo que puede —y debe— mantenerse durante largos periodos.

Sin embargo, esto no es cierto. **El cerebro humano no está diseñado para mantenerse concentrado durante mucho tiempo.**

Esto tiene que ver con nuestro instinto animal. Para los animales que viven en un entorno salvaje, concentrarse demasiado no sólo resulta problemático, sino que además puede ser fatal. Los animales que están demasiado enfocados en su comida o en su entorno son un blanco fácil para los depredadores. Para evitar ser atacados, los animales necesitan permanecer alertas y prestar atención a su entorno. En el mundo natural, *desconcentrarse* es la clave para sobrevivir.

Así que el hecho de que nuestra capacidad de atención sea limitada es natural, al igual que para el resto de los animales. Nuestra fuerza de voluntad se agota cada vez que nos concentramos o tomamos una decisión.

Entonces, ¿durante cuánto tiempo podemos permanecer concentrados?

Algunos estudios recientes sugieren que la concentración de una persona que ha practicado lo suficiente puede durar 120 minutos. No obstante, para un adulto o niño promedio, es difícil mantener la concentración en una sola actividad por más de 30 minutos.

Cuando estudiamos o trabajamos, nuestra concentración aumenta de manera gradual y luego cae rápidamente tras alcanzar su punto más alto. La concentración no está diseñada para durar mucho tiempo. **La persona que logra mantenerse concentrada a lo largo del día es la que sabe cómo tomar descansos efectivos.** Los recesos frecuentes dividen el tiempo de trabajo en partes pequeñas y manejables.

Cuanto más corto sea el tiempo de trabajo, menos cansado te sentirás; cuanto menos cansado estés, serás más capaz de concentrarte.

Con frecuencia escucho a algunos padres de familia preocuparse por la falta de concentración de sus hijos, pero éste no es un asunto grave. Si tu hijo no puede estarse quieto o rápidamente pierde el interés en sus estudios, eso sólo significa que está sano.

## Divide tu tiempo de forma efectiva y toma descansos antes de lo necesario

Ya aprendimos que la concentración no dura mucho tiempo. Resulta imposible mantenernos concentrados en una sola tarea durante un largo tiempo, sin importar cuánto lo deseemos. Lo que *sí* podemos hacer es **dividir nuestro tiempo en partes manejables y descansar del trabajo antes de que se vuelva necesario**.

Este método tiene tres ventajas. Primero, nos hace sentir menos cansados; al trabajar por un periodo corto, conservamos una buena parte de nuestra fuerza de voluntad. Segundo, dividir el tiempo en partes pequeñas lo hace más manejable. Por último, suspender el trabajo provoca una sensación de que las cosas están incompletas y nos hace querer retomar la tarea pendiente.

El tercer punto es de particular importancia. Cuando nuestro trabajo sufre interrupciones, nos sentimos motivados a terminarlo. Queremos hacer más. Esta situación inconclusa nos mantiene interesados en la tarea actual y nos permite volver a ella después de hacer una pausa.

Por lo que, si quieres trabajar con mayor rapidez, detente antes de que pierdas el interés. Toma un receso a la mitad de una tarea para que regreses con la motivación de resolverla. No debes sentirte culpable por tomar pausas frecuentes. **Moverte de tu escritorio no significa que hayas dejado de trabajar; de hecho, tu cerebro continuará pensando en la tarea interrumpida**, ya sea que estés consciente de ello o no.

El inconsciente es un recurso poderoso. Puede dar pistas e inspiración inesperadas para ayudarte a sortear esos callejones sin salida.

Dividir tu tiempo tiene muchas ventajas, además de las que ya he mencionado previamente. (Hablaré sobre el inconsciente de forma más detallada en la regla 3.)

Si eres de esas personas a quienes se les dificulta suspender el trabajo antes de terminarlo, quizá debas reconsiderar tu método. No importa cuán duro ejercites tu fuerza de voluntad, tu concentración sólo puede durar por un tiempo determinado. En la parte 4, abordaré la administración efectiva del tiempo de forma más detallada.

## La razón por la que nunca terminas tu trabajo a tiempo

Al igual que el tiempo, la concentración es un recurso intangible. Ésa es la razón por la que creemos, de manera errónea, que es de larga duración: cuando algo no puede ser tocado por las manos o visto por los ojos, tendemos a pensar que existe una reserva infinita del mismo. Y este pensamiento equivocado es el que mina nuestra capacidad para concentrarnos.

A todos nos ha sucedido. Piensas que acabarás una tarea al final del día, pero terminas trabajando horas extras para concluirla. Tus planes de estudiar para un examen a última hora se arruinan cuando eres incapaz de concentrarte la noche previa.

El motivo por el que se nos dificulta terminar un trabajo a tiempo fue explicado en la década de 1950 por el historiador británico Cyril Northcote Parkinson. De acuerdo con la ley de Parkinson:

**El trabajo se expande hasta llenar el tiempo disponible para su realización.**

Cuando pensamos que tenemos suficiente tiempo para completar una tarea, comenzamos a explorar varias opciones. Aunque la técnica ensayo-error no es mala, puede ser perjudicial cuando el objetivo principal es la concreción efectiva de una tarea. ¿Alguna vez has incumplido con una fecha de entrega por ser perfeccionista en un proyecto que no requería tanta atención? El perfeccionismo puede socavar la calidad de tu trabajo al drenar tu energía antes de alcanzar tu meta. **Cuantas más opciones y decisiones tengamos que tomar, menor será nuestra fuerza de voluntad.**

## Fracciona tu tiempo para una mayor concentración

Entre más tiempo tenemos para hacer algo, menos capaces somos de concentrarnos. La solución de Parkinson es sencilla: **fracciona o divide tu tiempo en pequeñas partes.** Estos fragmentos de tiempo pueden ser tan breves como de 15 a 30 minutos. Concluir tu trabajo en un lapso tan corto puede parecer restrictivo e inconveniente, pero verás que logras concentrarte más cuando trabajas bajo una restricción de tiempo.

**Cuando estableces una fecha límite para ti mismo, tu perspectiva cambia; te das cuenta de la cantidad mínima de trabajo que debes realizar** y cuánto tiempo te tomará. Pensemos que tu objetivo es salir de la oficina a las 5:00 p. m. en punto. Al ponerte un plazo límite, se aclara el panorama de lo que necesitas hacer y qué tan rápido. Sabes lo que tienes que hacer, por lo que tienes menos opciones. Como resultado, acumulas fuerza de voluntad y mejoras tu concentración.

Trabajar bajo una restricción de tiempo mejora tu desempeño. Al estar más enfocado, eres capaz de lograr más cosas, incluso en poco tiempo. **Al maximizar tu concentración, tu velocidad de trabajo aumenta, lo que reduce la cantidad de tiempo que requieres para completar una tarea.**

Las personas ocupadas suelen encargarse de las tareas cruciales y por un buen motivo: estos individuos con agendas apretadas por lo general son los que saben cómo concentrarse. Para ellos, concentrarse es un hábito y son entre dos y tres veces más productivos que quienes no han dominado el arte de la concentración. La cantidad de trabajo que pueden concretar es resultado directo de su concentración y tiempo.

Éste no es un don innato. Al fraccionar su tiempo, cualquier persona puede mejorar su concentración. Por ejemplo, pensemos en las madres (o los padres) que trabajan. La razón por la que se vuelven más eficientes con su tiempo tras la llegada de sus bebés es que se ven obligados a dividir su tiempo de forma automática; deben realizar las tareas necesarias antes de llevar a sus bebés a la guardería y no les queda más que trabajar con eficiencia si quieren recoger a sus hijos a tiempo. La rutina se vuelve un hábito, lo que les permite maximizar su concentración.

## El simple acto de abrir un cuaderno puede consumir tu fuerza de voluntad

Divide tu tiempo en pequeñas partes. Deja de trabajar cuando se termine tu tiempo, incluso si te quedaste a la mitad de una tarea. Tómate un receso y luego reanuda tu trabajo. De esta manera, puedes mantenerte concentrado de forma efectiva.

En este método, es importante reanudar el trabajo poco a poco después de tomar un descanso, y tu **entorno laboral puede ser una herramienta poderosa**.

Déjame contarte sobre mi oficina. Hay un escritorio. Sobre el escritorio hay un cuaderno abierto, libros, una pluma y un mantel que adquirí cuando fui a Oxford. Eso es todo. Esos son los únicos objetos que conservo en mi oficina.

El cuaderno abierto contiene mis anotaciones. Los libros son mi soporte para escribir lo que sea que escriba en ese momento, y la pluma me permite retomar mi trabajo en donde lo dejé. El mantel es un recuerdo que compré durante un viaje a Oxford, un lugar que me recordó cuán divertido es aprender; tener el mantel sobre mi escritorio me sirve de motivación.

**La clave para crear un ambiente de trabajo efectivo es fomentar la concentración**. Puedes lograrlo al eliminar objetos y opciones que implican una elección. Con menos objetos, la probabilidad de que te distraigas es menor y con menos opciones, tendrás menos decisiones que tomar. Hasta una decisión trivial como abrir un cuaderno consume tu fuerza de voluntad. Es por eso que yo dejo mi cuaderno abierto sobre el escritorio.

El impacto que tiene la toma de decisiones en nuestra capacidad para concentrarnos ha sido demostrado en un estudio realizado por la Universidad de Minnesota y la Universidad Estatal de Florida. En él, se les pidió a dos grupos de estudiantes que resolvieran un acertijo sin solución. El primer grupo eligió el acertijo a resolver, mientras que el segundo grupo no tuvo la opción de decidir. Al primer grupo le tomó nueve minutos y al segundo 12 minutos darse por vencido.

Lo anterior muestra que **podemos mantener la concentración durante más tiempo cuando no hay decisiones de por medio**. Sin importar cuán pequeña o trivial sea, tomar una decisión antes de empezar a trabajar reduce nuestra capacidad para concentrarnos. Lo opuesto también es cierto: entre menos decisiones tengas que tomar, más alto será tu desempeño. Por eso es tan importante crear un ambiente donde todo esté listo para ti cuando reanudes tu trabajo. Al reducir el número de decisiones y elecciones, puedes aumentar tu concentración.

Durante las pausas, es importante mantener la mente alejada del trabajo.

Resolver un problema sencillo que no guarde ninguna relación con tu tarea actual. Ver un video corto, dar un paseo, tomar una pequeña siesta, meditar; todas éstas son buenas opciones para mantener tu mente alejada del trabajo y relajarte. En la parte 3 hablaré sobre los recesos efectivos con mayor detalle.

**Conclusión:**

Para aumentar tu concentración, establece un límite de tiempo y elimina las decisiones y elecciones.

## Regla 3: La concentración se logra al entender cómo funciona el cerebro.

▸ El cansancio no es más que una ilusión del cerebro.

Cuando estudiamos o trabajamos, gradualmente nos desconcentramos a causa del cansancio (o al menos eso pensamos). También confesamos sentirnos desmotivados. Pero, ¿adivina qué? El cansancio y la concentración son subjetivos —y lo mejor de todo es que podemos controlarlos.

De acuerdo con un estudio realizado por el psicólogo Mark Muraven y su equipo, la fatiga mental y la desmotivación son experimentadas por el cerebro, no el cuerpo. A diferencia del agotamiento físico, en donde el cansancio acumulado empieza a afectar el movimiento muscular, **la fatiga mental y la desmotivación son ilusiones del cerebro**. Si tienes problemas para concentrarte, no puedes atribuirlos al cansancio; así no funcionan las cosas. Para recuperar tu motivación y concentración, es importante entender el cansancio y el funcionamiento del cerebro.

### Los atletas de alto rendimiento fortalecen tanto su cuerpo como su mente

Hace poco se realizó un estudio para descubrir en qué momento los atletas de alto rendimiento se sienten demasiado agotados para seguir entrenando. Los hallazgos fueron sorprendentes: **cuando los atletas "creían" haber alcanzado su límite físico, su nivel de lactato, y otra serie de valores indicaban lo contrario**. De hecho, según los números, los deportistas no deberían haberse sentido cansados. A nivel físico, podían haber continuado su entrenamiento. La razón por la cual se detuvieron fue que su cerebro se los indicó debido al instinto de autoconservación.

El instinto de autoconservación es importante, pero es un gran obstáculo para los atletas que buscan rebasar sus límites físicos. Es por esto que los deportistas profesionales deben entrenar su mente además de su cuerpo. Por ejemplo, los entrenamientos de altura y bajo nivel de oxígeno pueden elevar la tolerancia al cansancio de un atleta al desafiar las limitaciones impuestas por su cerebro. Psicológicamente hablando, es una forma de sugestión —decirte a ti mismo que tienes más que dar, que puedes más.

Los atletas de alto rendimiento son expertos en este tipo de sugestión. Se dicen a sí mismos que pueden llegar más lejos, que están listos, que pueden vencer el cansancio. **Al manipular sus pensamientos —su mente— pueden rebasar sus límites físicos y alcanzar su máximo potencial.**

## El efecto inductor o *priming*

Como podemos ver, nuestro cerebro tiene un gran impacto sobre nuestras acciones. Otro ejemplo es el efecto de *priming* (primacía o predisposición), un concepto presentado por primera vez en el libro *Pensar rápido, pensar despacio* de Daniel Kahneman, psicólogo y ganador del Premio Nobel en Ciencias Económicas. El *priming* se basa en la idea de que **ciertas nociones afectan nuestra manera de actuar**.

Cuando era pequeño, había un juego de palabras que estaba de moda entre los niños. Después de decir la palabra "pizza" 10 veces, alguien señalaba en dirección a tu codo y preguntaba: "¿Eso qué es?" En vez de responder lo obvio (*hiji*), siempre contestábamos: "rodilla (*hiza*)", porque sonaba más como la palabra "pizza". Éste es un ejemplo del efecto *priming*; nos resulta difícil responder las preguntas más sencillas cuando una noción se ha plantado en nuestra mente.

Déjame darte otro ejemplo. A los participantes de un estudio se les mostró una lista de animales ("león", "elefante", "jirafa") y luego se les preguntó qué les venía a la mente cuando pensaban en la palabra "rápido". Pese a que tenían una gran variedad de opciones —podían haber dicho "luz" o "tren bala" o "avión de combate"—, sus respuestas fueron limitadas ("chita", "caballo"). La imagen de los animales al inicio del experimento se había enraizado en su mente. De esta manera, el *priming* aparece de forma automática en respuesta a estímulos externos, lo que afecta nuestras decisiones y acciones.

El siguiente ejemplo del efecto *priming* es un poco más complejo. Estudiantes de la Universidad de Nueva York recibieron un conjunto de cinco palabras con el cual tenían que formar un enunciado corto utilizando cuatro de los cinco vocablos. Por ejemplo, si el conjunto incluía las palabras "él", "encontrar", "eso", "amarillo" e "inmediatamente", los estudiantes podían decir algo como: "Él se dio cuenta inmediatamente de que eso era amarillo".

En el experimento, un grupo recibió un conjunto de vocablos que incluía una palabra que evocaba imágenes de adultos mayores: "Florida", "olvidadizo", "calvo", "canoso", "arrugas". Después de que los estudiantes terminaron sus enunciados, a todos los grupos se les pidió que fueran a otro salón para realizar un nuevo experimento. ¿Cuál fue el resultado? El grupo que había trabajado con las palabras relacionadas con los adultos mayores caminó más lento que el resto de los grupos. Aunque ni siquiera se les mostró a los integrantes la imagen de una persona mayor, **la noción se había enraizado en sus mentes, afectando la velocidad con que caminaban**.

El *priming* también puede manifestarte de la forma contraria. En otra parte del mismo experimento, a un grupo se le pidió que caminara hacia otro salón a un tercio de su velocidad normal *antes* de crear un enunciado. Los estudiantes de este grupo, obligados a caminar lentamente, reaccionaron a las palabras vinculadas con los adultos mayores con mayor rapidez que los otros grupos; su *velocidad de procesamiento* fue mayor.

Otro estudio ha comprobado que la simple imagen de un profesor universitario puede ayudar a que los estudiantes obtengan mejores resultados en un examen.

## Utiliza el *priming* para mejorar tu concentración

Las imágenes a las que estamos expuestos tienen un efecto profundo en nuestra forma de pensar y sentir. La exposición diaria a noticias negativas puede hacernos sentir más deprimidos.

Sin embargo, el efecto *priming* también puede emplearse de forma positiva. **Una forma de aprovechar el *priming* es llevar un registro**

**de cuándo y dónde lograste mantener la concentración.** Al llevar un registro, tomas mayor conciencia de tus acciones, y **la importancia de registrarlas ha sido comprobada mediante varios experimentos.**

En uno de ellos, se dividió al personal de limpieza de un hotel en dos grupos. El primero recibió una tabla que mostraba el número de calorías quemadas por cada tarea de limpieza; el segundo no recibió nada. Al grupo que recibió la tabla se le pidió que calculara cuántas calorías había quemado al final del día. Sus miembros tendrían que monitorear cada actividad, como cambiar las sábanas de la cama, limpiar la tina y remplazar las toallas usadas por unas nuevas.

Los dos grupos reanudaron su trabajo como siempre. Aunque ambos realizaban exactamente las mismas tareas, el grupo con la tabla de calorías mostró una mejoría en su salud. **Su grasa corporal disminuyó, su sangre se volvió más saludable y sus cuerpos rejuvenecieron.** El grupo que no registró las calorías quemadas no presentó ningún cambio. La diferencia era la conciencia: los miembros del primer grupo se volvieron más sanos porque estaban conscientes de que, mientras trabajaban, hacían algo bueno por su cuerpo.

Este experimento muestra que dos personas que realizan la misma tarea durante el mismo tiempo pueden tener resultados distintos dependiendo de su nivel de consciencia. Por eso es importante llevar un registro de cuándo y dónde fuiste capaz de concentrarte. Al seguir haciéndolo, el *priming* entra en acción, lo que te permite activar tu modo de concentración en el mismo entorno y tiempo.

Así que evita decir: "Estoy cansado". No permitas que tu cerebro se quede con una idea errónea. Si quieres mejorar tu concentración, crea el ambiente idóneo para ti, y elige todo lo que te rodea —información, objetos, palabras— con cuidado.

**Conclusión:**

El inconsciente es una herramienta poderosa. No permitas que la ilusión del cansancio inhiba tu concentración.

# PARTE 2

## Cómo generar concentración: Los siete motores

# Siete maneras de activar el modo de concentración

En la parte 1, describí cómo nuestro instinto animal —esa necesidad de protegernos de los depredadores— nos impide concentrarnos por largos periodos.

Por fortuna, también poseemos otro conjunto de instintos: **los siete motores de la concentración**, mismos que explicaré en esta sección. Al utilizar estos motores con sensatez y aprovechar tus habilidades innatas, aprenderás a controlar tu concentración. A medida que continúas leyendo, recuerda los dos pilares de la concentración que describimos en la parte 1: **aumentar tu reserva de fuerza de voluntad y reducir tu consumo de fuerza de voluntad.**

## Motor 1: Lugar

▸ Crear un ambiente idóneo es clave para mejorar la concentración.

Comencemos con una pregunta. Si quisieras adquirir un portaplumas para tu escritorio y tuvieras que elegir entre tres colores —rojo, azul claro o amarillo—, ¿cuál escogerías?

Desde el punto de vista de la concentración, **lo mejor es colocar objetos color azul claro en tu escritorio**. El azul claro nos ayuda a concentrarnos; también acelera nuestra percepción del tiempo. Al elegir un portaplumas color azul claro (algo que yo siempre he hecho), podrás concentrarte con mayor facilidad. Además, al sentir que una hora sólo dura 45 minutos, tu productividad aumentará. **Tener objetos color azul claro en tu escritorio es una forma efectiva de optimizar tu área de estudio.**

De acuerdo con la psicología del color, cada tono nos afecta de manera distinta. El rojo es el color de la agresión. El amarillo nos mantiene alerta y el verde nos ayuda a relajarnos. Mientras que el rojo puede dar buenos resultados en los deportes y en los asuntos del corazón, no es el mejor color para un portaplumas, porque obstaculiza nuestra capacidad para pensar. Por otro lado, el color azul claro aumenta nuestra concentración. En el béisbol, un guante de receptor color azul puede ayudar al lanzador a concentrarse; cada vez más pistas de atletismo incluyen tonalidades de azul para elevar el desempeño atlético. Al entender cómo funcionan los colores, podemos maximizar sus efectos y utilizarlos a nuestro favor.

Elegir un portaplumas color azul claro es tan sólo un ejemplo de cómo crear un entorno laboral efectivo. **Ya sea que estés en la oficina, en casa o en una cafetería, es importante asegurarse de que los motores de la concentración estén en su lugar**. En esta sección, compartiré consejos y métodos útiles que puedes aplicar en tu ambiente de trabajo a partir de hoy.

## Comienza por guardar tu teléfono celular

Ya sea que estés trabajando o estudiando, tu entorno tiene un impacto significativo en tu desempeño. Por ejemplo, un escritorio desordenado dificulta la concentración. El tiempo que ocupas en buscar los documentos que requieres en ese momento consume tu fuerza de voluntad incluso antes de iniciar tu tarea.

**El mayor consumo de fuerza de voluntad ocurre al inicio de cualquier tarea.** Por eso es que las peores distracciones son aquellas que ocurren cuando estamos a punto de iniciar alguna actividad. Enciendes tu computadora, listo para trabajar, cuando de pronto recibes una llamada o un mensaje en tu teléfono celular. Basta un breve vistazo a tu teléfono para perder la concentración.

A fin de crear un ambiente que promueva la concentración, **debemos mantener nuestro espacio de trabajo limpio y eliminar posibles distracciones.**

La mejor forma de evitar que te distraigas a la mitad de una tarea es apagar tu teléfono y mantenerlo fuera de tu alcance. Algunos experimentos han mostrado que dejar el teléfono sobre el escritorio es suficiente para disminuir tu concentración.

Mi método es menos extremista. Yo pongo mi teléfono en silencio y lo guardo en un cajón o archivero, lejos de mi vista. Cada 90 minutos, lo saco para revisar si tengo llamadas perdidas o mensajes. El ciclo se basa en el ritmo ultradiano —90 minutos de actividad seguidos de 20 minutos de descanso—, mismo que explicaré a detalle en la parte 4. A menos que esperes llamadas o mensajes que requieran tu atención inmediata, revisar tu teléfono en intervalos de 20 minutos no debe implicar mayor problema. **Deshacerte de tu teléfono celular y otras distracciones es lo primero que debes hacer para crear un ambiente de trabajo efectivo.**

## Para ejercer un mayor autocontrol, limpia tu habitación

El espacio que ocupamos influye significativamente en nuestra capacidad de concentración. Algunos ambientes son propicios para concentrarse, mientras que otros no lo son.

Al igual que un escritorio desordenado, una recámara desordenada afecta nuestra concentración. Esto fue comprobado mediante un experimento psicológico, donde se les pidió a dos grupos de individuos que realizaran la misma tarea en el mismo tiempo, pero en distintos salones. El primer salón estaba sucio, mientras que el segundo estaba limpio. Más adelante, ambos grupos fueron evaluados para ver qué tan bien ejercían el autocontrol. Los resultados mostraron que el grupo que había sido enviado al salón sucio le costó más trabajo concentrarse.

Cuando estamos en un cuarto desordenado y nos encontramos con un objeto desconocido, la amígdala —la parte del cerebro responsable de detectar posibles amenazas— reacciona ante el objeto, lo que produce sentimientos de miedo y ansiedad. Esto va en detrimento de nuestra concentración. **Entre más desordenado es nuestro espacio de trabajo (o nuestro hogar), menos concentrados estamos; nuestro autocontrol también se reduce,** lo que facilita que perdamos la paciencia con quienes nos rodean.

Mantener un espacio de trabajo limpio y ordenado es una parte esencial de la concentración efectiva. Puedes ser aún más eficiente si incorporas la limpieza en tu rutina diaria, misma que abordaré más a detalle en la sección de hábitos.

## Distintos ambientes, distintas necesidades

Cuando estaba en la universidad, un amigo me dijo que le costaba mucho trabajo estudiar en casa. Fui a su departamento y de inmediato entendí por qué. Su cuarto no estaba desordenado; de hecho, estaba bastante ordenado. Entonces, ¿cuál era el problema? Bueno, pues era demasiado relajante.

La recámara de mi amigo tenía una televisión con un cómodo sofá enfrente. No había ningún escritorio; cuando tenía que estudiar, se sentaba en el piso, colocando sus libros y su computadora sobre una mesita para el café. No es de extrañar que no pudiera concentrarse en su trabajo escolar. Su cuarto había sido diseñado para relajarse, no para estudiar.

**Para aumentar la productividad, es necesario diseñar nuestros cuartos con un objetivo específico.** Las únicas cosas que conservo en mi oficina y estudio son un escritorio y mis libros —cualquier otro objeto es una distracción innecesaria. Al carecer de objetos distractores, no me queda más que enfocarme en la tarea actual. Si tienes problemas para concentrarte en tu espacio de trabajo, quizá debas pensar en rediseñarlo para que se adapte mejor a tus necesidades.

Déjame contarte sobre un interesante estudio. Un psicólogo realizó un experimento en el que los participantes fueron colocados en un cuarto vacío donde se les pidió que no hicieran nada. Podían comer y dormir, pero cualquier otra actividad estaba prohibida. Los participantes recibirían cerca de 1 800 pesos por día.

Aunque mucha gente participó en el experimento, la mayoría se dio por vencida antes de que finalizara el primer día. Ninguna persona duró hasta el tercer día. Todos los participantes dijeron que no hacer nada los volvía locos; algunos incluso se enfermaron.

Este experimento nos muestra que, **como seres humanos, necesitamos involucrarnos en alguna actividad. La clave es alcanzar un estado natural de concentración al abocarnos a una sola actividad**. Esto puede lograrse al eliminar las distracciones.

La razón por la que muchas personas prefieren trabajar o estudiar en cafeterías es que existen menos distracciones que en la oficina o en casa. Pero ten cuidado: no importa dónde te encuentres, el simple acto de sacar tu celular puede debilitar tu concentración. Vivimos en un mundo de distracciones constantes —llamadas entrantes, mensajes, internet—, sin embargo, podemos bloquear la mayoría de ellas al utilizar los métodos correctos, y optimizar nuestro espacio de trabajo es uno de ellos.

## El artículo mágico que debes tener en tu escritorio para un desempeño óptimo

En páginas anteriores mencioné que mi oficina está casi completamente vacía, desprovista de cualquier cosa que no guarde relación con mi trabajo. Sin embargo, hay un objeto que me gusta conservar cerca de mi escritorio para motivarme. ¿Puedes adivinar qué es?

**Tener un espejo en tu escritorio puede ayudarte a mantener la concentración.** Yo he colocado el mío de tal manera que pueda ver mi rostro cuando empiezo a desconcentrarme y a levantar la vista de mi trabajo. Ver mi reflejo (mi yo actual) me anima a recuperar mi estado de concentración (mi yo ideal), lo que me permite concentrarme durante más tiempo. Éste es un fenómeno psicológico conocido como autoconciencia o la habilidad de vernos con objetividad. Ver nuestro reflejo en el espejo nos impulsa a ser mejores, lo que termina por mejorar nuestra concentración.

Los espejos han sido herramientas efectivas para mí desde que era estudiante, en específico cuando me preparaba para el examen de admisión a la universidad. Hoy tengo varios en mi oficina, entre ellos tres espejos de cuerpo entero. **Los espejos juegan un rol vital: aumentan nuestra autoconciencia, y pueden ayudarnos a restablecer la concentración y mantenernos motivados.**

## Los techos altos fomentan la creatividad

Elegir el ambiente idóneo para realizar una tarea en particular es otro aspecto importante de la concentración efectiva.

Por ejemplo, diversos estudios han mostrado que las habitaciones de techos altos estimulan el pensamiento creativo. De hecho, tuve esto en mente cuando elegía un cuarto para mi oficina. Si lo que quieres es crear una idea original, busca una habitación con techo alto —o, mejor aún, sal a caminar. **Cuando se trata de desatar tu creatividad, los espacios abiertos, sin límites, son la mejor opción.**

Por otro lado, los cuartos de techos bajos son ideales para aquellas tareas que requieren atención al detalle. Si eres estudiante o contador, tal vez quieras buscar una habitación con techo bajo la próxima vez que tengas que estudiar para un examen o hacer algunos cálculos.

Al entender los efectos que producen los distintos tipos de techos, podemos elegir nuestro ambiente de trabajo o estudio de acuerdo con necesidades específicas. La relación entre el ambiente y el desempeño es algo que va de la mano con el *priming*, el cual describí en la parte 1.

## La luz y el sonido afectan nuestra concentración y capacidad de análisis

Al igual que la altura del techo, los diferentes tipos de luz y sonido estimulan distintas habilidades.

Aunque se dice que la luz azul emitida por los teléfonos celulares y las pantallas de las computadoras reduce la calidad de nuestro sueño, un estudio alemán ha demostrado que **la exposición a la luz azul durante el día incrementa nuestra concentración, capacidad de análisis y habilidad para pensar con claridad**. De acuerdo con otro estudio, la luz azul puede ayudarnos a mantener la concentración cuando nos sentimos somnolientos después del almuerzo. También puede mejorar la rotación mental o la habilidad de rotar representaciones mentales de objetos tridimensionales.

**La luz amarilla que emiten los focos incandescentes aumenta la creatividad.** Esto significa que tu equipo de trabajo puede hacer una lluvia de ideas más efectiva al organizar reuniones en un cuarto con luz tenue (de preferencia con un techo alto). **La suavidad de la luz amarilla detiene el pensamiento racional, lo que nos permite acceder a nuestro lado creativo**. Ésa es la razón por la que solemos tener grandes ideas cuando estamos en el baño o justo antes de dormir.

Por último, hablemos del impacto que tiene el sonido en nuestra capacidad para concentrarnos. Una encuesta realizada en la Universidad de Tokio mostró que más de 50% de sus estudiantes se preparó para el examen de admisión en entornos medianamente ruidosos, optando por estudiar en la sala o en cafeterías en vez de su propia habitación. Esto indica que un poco de ruido de fondo en realidad puede ser benéfico para nuestra concentración.

De acuerdo con un estudio realizado por la Universidad de Columbia Británica, los niveles de sonido moderado también pueden promover la creatividad. En el estudio, se dividió a los participantes en tres grupos y se les pidió que pensaran en ideas innovadoras en ambientes con distintos niveles de ruido. El grupo ubicado en un ambiente "moderadamente ruidoso" (con el mismo nivel de ruido que en una cafetería) tuvo el mejor desempeño; sorprendentemente, los resultados de los otros dos grupos —ubicados en ambientes "silenciosos" (biblioteca) y "muy ruidosos" (sitio de construcción)— fueron relativamente similares.

Sin embargo, **cuando se trata de actividades pasivas (como leer), lo mejor es elegir un lugar silencioso**. Las personas introvertidas son particularmente sensibles al sonido, por lo que recomiendo usar audífonos para bloquear el ruido externo. Los audífonos que se insertan en el canal auditivo, que aíslan el sonido, son una herramienta útil; yo los utilizo como tapones para los oídos cuando leo y como audífonos para escuchar música cuando escribo. Algunos tapones y audífonos también poseen la función de cancelación de ruido.

**Conclusión:**

Elimina las distracciones. Un espacio de trabajo ordenado es el primer paso hacia una mejor concentración.

## Motor 2: Postura

► La forma en que nos sentamos (y durante cuánto tiempo) afecta nuestra habilidad para concentrarnos.

¿Alguna vez te has recostado sobre tu cama para retomar un libro tan sólo para quedarte dormido unos cuantos minutos después? ¿O, has perdido la concentración a la mitad de una tarea debido a un dolor de cuello u hombros? ¿O te has sentido incapaz de concentrarte tras horas de trabajar en tu escritorio?

Si has experimentado alguna de estas situaciones, quizá debas prestar mayor atención a tu postura. La postura tiene un impacto tremendo en nuestra capacidad de concentración. **Al igual que un cuarto desordenado, una mala postura consume nuestra fuerza de voluntad, lo cual dificulta la concentración.** Para conservar nuestra fuerza de voluntad e incrementar nuestra productividad, debemos vigilar nuestra postura mientras trabajamos.

La postura es importante porque afecta el desempeño cerebral de forma directa. En la parte 1 expliqué que la fuerza de voluntad se origina en el lóbulo frontal del cerebro. El lóbulo frontal obtiene su energía de la glucosa y el oxígeno, que son transportados a través del torrente sanguíneo. Aunque el cerebro constituye cerca del 2% de nuestro peso corporal, recibe 15 % del suministro de sangre del cuerpo. Ésa es la cantidad de energía consumida por el cerebro.

El corazón bombea la sangre por todo el cuerpo, dotándonos de la energía que necesitamos. A veces requerimos más de lo normal; por ejemplo, cuando salimos a correr, nuestro corazón late más rápido, lo que acelera el flujo sanguíneo. Lo mismo ocurre cuando nos concentramos durante largos periodos. El cerebro necesita abastecerse de más glucosa y oxígeno; y aquí es en donde la postura entra en juego.

Cuando trabajamos o estudiamos, a menudo permanecemos sentados durante muchas horas. Entonces **comenzamos a encorvarnos, a ejercer presión sobre nuestro pecho y nuestra respiración se vuelve superficial**, lo que debilita la circulación y obstaculiza el suministro de oxígeno al cerebro. Nos sentimos más cansados y perdemos nuestra capacidad de concentración.

Al sentarnos erguidos y mantener una buena postura, podemos asegurarnos de que nuestro cerebro reciba la energía que requiere de forma constante. **Tener buena postura regula el movimiento de los músculos que controlan nuestra respiración, como el diafragma, lo que permite que llegue más oxígeno al cerebro y mejora las funciones del lóbulo frontal.** Esto aumenta nuestra fuerza de voluntad, lo que nos ayuda a concentrarnos con mayor facilidad.

## La mejor postura para sentarse y aumentar la concentración

Antes de describir la mejor forma de sentarte en tu escritorio para tener una concentración más efectiva, veamos algunos ejemplos de lo que constituye una mala postura.

**Redondear la espalda:** Estás agachado sobre tu escritorio, con la cabeza inclinada sobre tu libro o sobre la pantalla de la computadora.
**Recargar el codo:** A menudo terminas por reposar la barbilla sobre tu mano.
**Encorvarse:** Te reclinas sobre tu silla, sentado a la orilla.
**Cruzar las piernas:** Debido a que tus piernas están cruzadas, debes girar la parte superior de tu cuerpo para alinearte con tu escritorio.

¿Te identificas con alguno de estos ejemplos? Ojalá que no, pues todos estos hábitos entorpecen el flujo sanguíneo y disminuyen nuestra capacidad de concentración.

La posición ideal para sentarse a fin de aumentar la concentración implica tener las plantas de los pies apoyadas en el suelo, con los pies paralelos y al mismo nivel, cabeza recta y hombros relajados, espalda erguida.

Aunque es importante considerar los cuatro puntos mencionados arriba, es muy difícil estar consciente de nuestra postura en todo momento. De hecho, prestarle demasiada atención puede distraernos de aquello en lo que nos queremos concentrar.

**Corregir tu postura toma tiempo. Comienza por recordar —un par de veces al día— la postura correcta para sentarte. Si notas que empiezas a encorvarte, siéntate derecho y repite el proceso** hasta que la buena postura se convierta en un hábito. Aunque en un inicio te resulte incómodo, la posición para sentarse descrita aquí es **la forma más eficiente de llevar energía a todo tu cuerpo; al estar libre de obstrucciones, tu sangre circula a un ritmo saludable, lo que te permite concentrarte durante más tiempo.**

Para mejorar mi postura, yo utilizo un dispositivo portátil llamado **Lumo Lift**. Este artículo es popular en Estados Unidos y monitorea la postura del usuario, vibrando cada vez que éste se encorva.

- Acerca tu barbilla al pecho.
- Endereza tu espalda. Tus glúteos deben hacer contacto con el respaldo de la silla.
- Mantén tus rodillas juntas.
- Las plantas de tus pies deben tocar el suelo.

## Pararse cada 15 minutos puede ayudar a aclarar la mente

Aunque mantener la postura correcta para sentarse es una forma infalible de aumentar tu concentración, **yo pienso que es mejor trabajar y estudiar de pie**.

De acuerdo con diversos estudios, sentarse por más de 15 minutos reduce nuestro desempeño cognitivo y nuestra capacidad de concentración, lo que deteriora nuestra eficiencia para trabajar. Las investigaciones también han revelado que las personas que permanecen sentadas seis horas al día tienen 40% más riesgo de morir dentro de 15 años que quienes se sientan durante tres horas diarias. **Para mejorar nuestra concentración y salud, debemos sentarnos menos y pararnos más**.

Esto es más fácil decirlo que hacerlo. Casi toda la gente pasa una buena parte de sus horas laborales sentada en su escritorio. Aunque resulta complicado evitarlo, sí podemos reducir la cantidad de tiempo que permanecemos sentados al pararnos en intervalos regulares. **Yo recomiendo levantarte de tu silla una vez cada 15 minutos; esta acción estimula tu cerebro, lo que te permite mantener la concentración.**

Quince minutos puede parecer poco tiempo, pero ése es el truco: debes ponerte de pie y aclarar tu mente *antes* de que tu cerebro empiece a sentirse cansado. Al realizar esfuerzos conscientes por levantarte de tu silla a lo largo del día —caminar hacia la fotocopiadora, ir por algo de beber, ir al baño y lavarte las manos con agua fría— puedes mantener la concentración durante largos periodos de tiempo.

La mejor forma de mejorar tu concentración es utilizar un escritorio para trabajar de pie, algo que empecé a hacer en fechas recientes. **Diversos estudios han demostrado que permanecer parado, en vez de sentado, mejora de forma significativa nuestro criterio, nuestro desempeño cognitivo y nuestra capacidad de concentración.** Estar de pie nos ayuda a tomar decisiones con rapidez; en la actualidad, muchas compañías realizan juntas de pie para ahorrar tiempo y mejorar la eficiencia laboral.

Al utilizar un escritorio para trabajar de pie, podemos corregir nuestra postura de forma automática. **Los músculos de la pantorrilla —a menudo nombrados "el segundo corazón"— permanecen activos, lo que promueve la circulación.** Cuando leo, me gusta caminar alrededor de mi cuarto con una pluma en mano para subrayar pasajes clave. Si necesito sentarme, utilizo un banco ajustable; además de ser ligero y portátil, es menos cómodo que otras sillas, lo que evita la tentación de sentarse por un tiempo prolongado.

Muchos de nosotros estudiamos y trabajamos sentados porque se nos ha enseñado a hacerlo. **Para mejorar nuestra concentración, es importante probar diferentes métodos y descubrir lo que funciona para ti.**

**Conclusión:**

Puedes mejorar tu concentración al corregir tu postura y levantarte de tu silla en intervalos regulares.

## Motor 3: Alimentación

▸ Conoce los alimentos adecuados para aumentar tu concentración.

Como seres humanos, nuestra energía proviene de la comida. Lo que comemos no sólo afecta nuestra salud, sino también nuestra capacidad para concentrarnos; **diversos hallazgos en los campos de la nutrición y la neurociencia muestran que la alimentación tiene un impacto significativo en la concentración.**

Para describir la importancia que tiene la alimentación en la generación de fuerza de voluntad —la fuente de nuestra concentración— primero debo hablar sobre cómo funciona el cerebro. Si no están interesados en la versión larga de la historia, ésta es la conclusión: **el cerebro necesita glucosa para funcionar**.

El cerebro posee seis fuentes de energía: glucosa, ácidos grasos, fosfolípidos, aminoácidos, vitaminas y minerales. Aunque todos estos elementos trabajan en conjunto para activar el cerebro, su principal fuente de energía es la glucosa. **Sin glucosa, el cerebro es incapaz de producir la fuerza de voluntad que requerimos para concentrarnos.**

Como mencioné con anterioridad, el cerebro únicamente constituye 2% de nuestro peso corporal. Sin embargo, consume 18% de la energía del cuerpo, devorando cinco gramos cada hora. Debido a que el cerebro es incapaz de almacenar glucosa, requiere de un suministro constante de energía. Aunque el hígado puede compensar la escasez de energía al convertir el glucógeno en glucosa, sólo puede almacenar alrededor de 60 g de glucógeno a la vez —una cantidad que se agota en menos de 12 horas.

Por eso es que la alimentación juega un papel fundamental en nuestra capacidad de concentración. Al comer con regularidad, podemos garantizar que nuestro cerebro cuenta con el combustible necesario para funcionar de forma apropiada. El cerebro es un órgano que tiene un apetito voraz; consume energía incluso mientras dormimos, lo que explica por qué nos sentimos un tanto aturdidos por la mañana. Para mejorar nuestra concentración, necesitamos asegurarnos de que nuestro cerebro no se quede sin energía, y esto puede lograrse con una buena alimentación.

## Los alimentos y las colaciones con bajo índice glucémico hacen perdurar la concentración

Desde el punto de vista de la concentración, una dieta efectiva se compone de dos cosas: alimentos con bajo índice glucémico y colaciones.

Comencemos por los alimentos con bajo índice glucémico. El índice glucémico (IG) mide el aumento en nuestro nivel de glucosa en sangre dos horas después de ingerir alimentos. Entre más alto es nuestro IG, más rápido aumenta nuestro nivel de azúcar en la sangre.

**Los alimentos con bajo IG, que provocan un aumento gradual de la glucosa en sangre, pueden hacer que nuestra concentración sea más efectiva.**

Cuando comemos, nuestro nivel de azúcar en la sangre aumenta; nuestro cerebro se llena de energía, lo que incrementa nuestra capacidad para concentrarnos y pensar con claridad. Después de un tiempo, nuestro nivel de glucosa en sangre decrece, al igual que nuestra concentración.

Es importante considerar que a un aumento rápido del azúcar en la sangre le sigue una caída igual de rápida; conocida como la montaña rusa de la glucosa en sangre, **las fluctuaciones repentinas de nuestro nivel de azúcar en la sangre provocan un estrés severo**.

Aunque los alimentos con alto IG pueden ayudarnos a alcanzar un estado de concentración con rapidez, ésta no dura mucho tiempo. Nuestro nivel de glucosa en sangre cae tan rápido como escaló, lo que ocasiona que perdamos la concentración y nos sintamos frustrados con nosotros mismos.

Para evitar la montaña rusa del azúcar en la sangre es importante elegir alimentos con bajo IG. Aunque casi todo el pan —pan blanco, baguette, bagel— tiene un alto IG, el pan integral de centeno y la masa para pizza se ubican en la parte baja de la escala del IG. Los alimentos sin procesar, como el arroz integral, la avena, la quinoa, las manzanas, el soba (fideos de trigo sarraceno), el maíz y el azúcar morena suelen tener un bajo IG.

**Al incluir alimentos con bajo IG en nuestra dieta, podemos reducir las fluctuaciones en nuestro nivel de glucosa en sangre, lo que mejora nuestra capacidad para mantenernos concentrados.** Debido a que nuestro cerebro está falto de azúcar por la mañana, el desayuno es una comida particularmente importante. **Los alimentos con bajo IG aumentan nuestro nivel de azúcar en la sangre paulatinamente, lo que nos permite alcanzar un estado de concentración dos horas después de ingerirlos.** Comer yogurt, pan integral y una manzana durante el desayuno puede ayudarnos a entrar en un estado de concentración en cuanto lleguemos a la oficina o la escuela. Algunos otros alimentos con bajo IG incluyen el atún y los aguacates, los cuales consumo con frecuencia acompañados de arroz integral.

## ¿Cómo comer colaciones de forma efectiva?

Aunque ingerir alimentos con bajo IG tres veces al día forma parte integral de una concentración efectiva, no es suficiente. Eso es porque nuestro nivel de glucosa en sangre empieza a caer tres horas después de ingerir alimentos. Para mantener la concentración a lo largo del día, necesitamos dotar a nuestro cerebro de energía a través de las colaciones. No obstante, debemos cuidar lo que elegimos; por ejemplo, **las galletas y los pasteles están saturados de azúcar refinado y tienen un alto IG, lo que ocasiona que nuestro nivel de azúcar en la sangre fluctúe de manera dramática.**

Para una mejor concentración, recomiendo incluir nueces en tu dieta. Las nueces (como los cacahuates, las avellanas, las nueces de la India, las nueces de Castilla, las almendras y las nueces pecanas) y las semillas (como semillas de calabaza y girasol) son la colación perfecta con bajo IG; además de ser altas en proteína y bajas en carbohidratos, son ricas en zinc, ácidos grasos omega-3 y 6, ácido fólico, y vitaminas E y B6. **Todos estos nutrientes aumentan nuestra capacidad para concentrarnos y pensar con claridad.** Los ácidos grasos omega-3 y 6, que tienen propiedades antidepresivas, también pueden fomentar el pensamiento positivo.

Otra razón por la que las nueces son una excelente colación es que no nos llenan lo suficiente para hacernos sentir adormilados. Si lo que buscas es un mejor desempeño, recomiendo comer un puñado de nueces sin sal entre horas a fin de evitar una caída en tu nivel de azúcar en la sangre. Este método se basa en el efecto de la segunda comida, un concepto introducido por el doctor David Jenkins, un profesor en la Universidad de Toronto conocido por desarrollar el índice glucémico. Las nueces son altas en fibra; además, frenan la digestión y absorción de carbohidratos, lo que evita que nuestro nivel de glucosa en sangre se eleve de manera abrupta.

**Al incorporar alimentos con bajo IG en nuestras comidas e ingerir colaciones de forma efectiva, podemos darle a nuestro cerebro la energía que requiere** y asegurarnos de que podemos mantener la concentración a lo largo del día.

## El exceso de cafeína puede afectar la concentración

Cuando nos sentimos cansados y empezamos a desconcentrarnos, muchos de nosotros recurrimos al café y a las bebidas energéticas para darnos un empujón. Ambas bebidas contienen cafeína, una sustancia que se ha comprobado previene el deterioro cognitivo. Sin embargo, debemos procurar no excedernos; **el exceso de cafeína sobrestimula el cerebro, lo que provoca que nos sintamos estresados**.

Pero entonces, ¿qué tanto debemos consumir? Para regular tu consumo de cafeína, debes limitar tu ingesta a 450 ml de café al día. Eso corresponde al tamaño grande de un café de Starbucks, o tres tacitas de café (150 ml). En el caso de las bebidas energéticas, no debes tomar más de 125 ml, lo que equivale a la mitad de una lata de Red Bull. Diversos experimentos muestran que el consumo excesivo de bebidas energéticas puede tener efectos dañinos en nuestra capacidad cognitiva.

Para aprovechar los efectos de la cafeína al máximo, también debemos prestar atención a los tiempos. La cafeína empieza a hacer efecto después de 20 o 30 minutos; eso significa que debemos tomar nuestro café o bebida energética *antes* de que empiece a darnos sueño o que nos desconcentremos. Podemos potenciar los efectos de la cafeína al tomar una siesta, algo que abordaré con mayor detalle en la parte 3.

**Todas las tardes bebo una taza de café antes de que me dé sueño y después hago una siesta de 10 minutos.** Al estimular el cerebro y dejarlo descansar, puedo mejorar mi rendimiento cognitivo. Sin embargo, la cafeína puede hacernos sentir cansados una vez que sale de nuestro cuerpo. Por eso es que **siempre como yogurt junto con mi café**. La grasa que contienen el yogurt y otros productos lácteos detiene la absorción de la cafeína, lo que elimina sus efectos secundarios.

## La importancia de mantenerse hidratado

Nuestra concentración también se ve afectada por la cantidad de agua que ingerimos. El agua conforma 80% del cerebro; como es natural, la deshidratación tiene un impacto directo en nuestra fuerza de voluntad.

**Un sinnúmero de estudios ha encontrado que no beber suficiente agua disminuye nuestra concentración y memoria.** En un estudio realizado en la Universidad del Este de Londres y la Universidad de Westminster, se dividió a los participantes en dos grupos y se les pidió que se concentraran en una tarea intelectual. La gente del primer grupo inició la tarea después de beber medio litro de agua; los integrantes del segundo grupo no ingirieron nada. Los resultados mostraron que beber agua aumentó la velocidad de reacción en 14%.

Para concentrarnos de manera efectiva, es vital mantenernos hidratados. Perder 2% de agua corporal disminuye nuestra capacidad de concentración de forma significativa. Si alguna vez has tenido dificultades para concentrarte en un clima cálido, quizá se haya debido a que estabas deshidratado. **Beber suficiente agua durante el verano es crucial no sólo para tu salud, sino también para tu rendimiento cognitivo.** La gente mayor debe tener especial cuidado, ya que los efectos negativos de la deshidratación se intensifican con la edad.

No beber suficiente agua altera nuestras hormonas, lo que debilita nuestras funciones cerebrales. Para prevenir esto, **debemos mantenernos hidratados al beber un vaso de agua cada una o dos horas**. Debido a que un escritorio desordenado reduce nuestra capacidad de concentración, recomiendo tener siempre una botella de agua en tu cajón, donde no puedas verla.

**Conclusión:**

Los alimentos con bajo IG y las nueces son combustible para el cerebro, ya que generan fuerza de voluntad y fomentan la concentración durante todo el día.

## Motor 4: Emociones

► Cuando se trata de concentrarse, las emociones negativas no siempre son algo malo.

Lo que sucede con la concentración es que nunca pensamos en ésta cuando la utilizamos. Sabes a lo que me refiero: cuando estás tan metido en algo que el tiempo literalmente vuela. Cuando estás tan absorto en una novela o cómic que no te das cuenta de que ha anochecido; o conversas con un amigo en una cafetería y estás tan entretenido que, antes de notarlo, es hora de cerrar; o estás tan preocupado por preparar una presentación que no te percatas de que eres la única persona que sigue en la oficina; o pierdes la noción del tiempo cuando intentas aprender un nuevo deporte. Todos estos son ejemplos de un estado de consciencia llamado flujo.

El término "flujo" fue introducido por Mihály Csíkszentmihályi, uno de los psicólogos más importantes del siglo XX. Se refiere a un estado en el que tu "energía psíquica" está completamente involucrada en una actividad.

Puedes sustituir las palabras "energía psíquica" por "fuerza de voluntad" o "concentración". Eso es el flujo: un estado de concentración extrema. De acuerdo con Csíkszentmihályi, el flujo tiene ocho elementos, pero aquí me gustaría enfocarme en las cuatro características que me parecen más interesantes.

**Equilibrio adecuado entre los retos y las habilidades**

Ya sea un libro, una conversación, un proyecto de trabajo o un deporte, la tarea a realizar no debe resultar demasiado difícil o fácil; para cumplirla, debes esforzarte al máximo.

**Sensación de control sobre la tarea**

Ser capaz de leer un libro a un buen ritmo, disfrutar de una conversación agradable, convertir una idea en realidad, o dominar el balón por completo. Para experimentar el flujo, es importante tener una sensación de control sobre la tarea a realizar.

**Retroalimentación inmediata a nuestras acciones**

Experimentamos el flujo cuando existe una retroalimentación inmediata a nuestras acciones. Por ejemplo, cuando leemos, la retroalimentación es nuestra reacción ante el libro: sentir interés, querer continuar la lectura. En una conversación, la retroalimentación puede manifestarse a través de una sonrisa, un acuerdo o una respuesta positiva. Cuando redactas una propuesta, la elección de las palabras y el diseño adecuados pueden funcionar como retroalimentación, y la sensación física de éxito o fracaso puede servir de motivación en los deportes. La retroalimentación a tus acciones debería afectarte a nivel emocional e inspirar sentimientos de alegría o decepción.

**Ausencia de distracciones**

El ambiente en que estás inmerso te permite concentrarte en la tarea a realizar sin tener que preocuparte por posibles distracciones. Nadie te va a molestar mientras lees, o hablar por teléfono mientras conversas con ellos, o pedirte que vayas a su oficina cuando estás a la mitad de una propuesta de trabajo. Para experimentar el flujo, debes lograr concentrarte en tu tarea sin ser interrumpido.

Estos cuatro elementos conducen al flujo, un estado de exaltación en el que estamos concentrados como nunca. Nos sentimos felices y emocionados, y nuestro deseo de volver a experimentar el flujo nos ayuda a crecer y expandir nuestras capacidades.

## Utiliza las emociones sabiamente para mejorar tu concentración

**El flujo es un estado que produce una poderosa sensación de alegría que eleva nuestra concentración a un nuevo nivel. De esta manera, la concentración está íntimamente ligada con nuestras emociones**. Cuando pensamos en concentración, por lo general imaginamos a alguien sentado en silencio en su escritorio enfocado en su trabajo, pero ésta es otra idea falsa. En realidad puedes concentrarte más cuando experimentas emociones fuertes, si sabes cómo utilizarlas de la forma adecuada. **No importa si sientes alegría o enojo, utilizar tus emociones de manera apropiada puede ayudarte a alcanzar tu meta con mayor rapidez y efectividad.**

El flujo es una experiencia que se basa en la felicidad; cuando se cumplen las cuatro condiciones que mencioné en líneas anteriores, tu concentración alcanza un nivel más alto. **Existen otras emociones que también pueden servir para mejorar tu concentración.** Quizá no sean tan poderosas como la experiencia de flujo; aun así, es importante entender la relación entre éstas y la concentración.

## El enojo estimula nuestra capacidad de actuar y resolver problemas

**Cuando sientas enojo por algo, intenta encarar un problema difícil que hayas evitado hasta el momento**. Encontrarás que te resulta más fácil mantener la concentración.

De vez en cuando todos nos enojamos. Aunque parezca una emoción negativa, el enojo es un recurso importante para comunicar cómo nos sentimos. Asimismo, es necesario para la autodefensa. Cuando un animal salvaje es atacado por un depredador, sólo tiene dos opciones: pelear o huir. Sus músculos se tensan, el animal debe tomar una decisión de vida o muerte, y el origen de esa señal crucial es el enojo. El enojo es la emoción que guarda mayor relación con nuestro instinto de supervivencia; tiene el poder de influir en nuestras acciones desde lo más profundo de nuestro ser.

De todas nuestras emociones, el enojo es la que inspira un comportamiento orientado a la resolución de metas. Entre más específica es nuestra meta, más enfocados y asertivos nos volvemos.

Imagina a una niña que tiene problemas para despertarse por la mañana. Sin embargo, cuando hay un viaje escolar o un picnic, ella se levanta antes que todos y sale de su casa a tiempo. Está concentrada y es capaz de actuar porque tiene la expectativa de una meta específica: el paseo. Éste es un claro ejemplo de un comportamiento orientado a la resolución de metas.

Dicha conducta puede ser incluso más poderosa si se alimenta con enojo. **Los sentimientos de decepción y resentimiento pueden encauzarse en energía positiva, lo que podría ayudarte a resolver problemas y conducirte hacia tu meta.** Debido a que el enojo fomenta la concentración, resulta ideal para enfrentar aquellas situaciones desafiantes que hayas aplazado.

No obstante, considera que el enojo por lo general no dura mucho tiempo —al menos no en su máxima intensidad. Si quieres utilizar el enojo para alimentar tu concentración, debes enfrentar tu tarea antes de que la emoción desaparezca. No pierdas el tiempo; cuando te sientas enojado, saca un pedazo de papel y anota lo que te venga a la mente lo más *rápido* posible. El momento pasará antes de lo que piensas. Trata de enfocarte en tus metas prioritarias.

Empleado de forma correcta, el enojo no siempre tiene que ser negativo. De hecho, puede ayudarte a conseguir tus metas como ninguna otra emoción.

## La tristeza nos ayuda a tomar decisiones con calma y sensatez

Cuando nos invade la tristeza, puede que parezca imposible hacer cualquier cosa, mucho menos concentrarse para tomar una decisión. Sin embargo, un estudio en el campo de la psicología social ha demostrado que **somos mucho más capaces de tomar una decisión meditada cuando nos sentimos tristes.**

De acuerdo con Joe Forgas, psicólogo social y profesor de la Universidad de Nueva Gales del Sur en Australia, la tristeza nos ayuda a concentrarnos y a ser más cautelosos y atentos.

En el estudio, Forgas y su equipo le pidieron a un grupo de participantes que viera una película sobre la muerte y el cáncer antes de responder varias preguntas, algunas de las cuales involucraban tomar decisiones sobre la veracidad de un rumor y analizar eventos pasados. Resultó que los individuos que vieron el video tuvieron una calificación más alta que aquellos que no lo hicieron. Lo que es más, los participantes que vieron la película (y que, por ende, estaban tristes) mostraron una menor tendencia a utilizar estereotipos para categorizar a personas extrañas; también cometieron menos errores en problemas matemáticos. Esto demuestra que sentirse triste puede conducir a una toma de decisiones mesurada y justa.

La única desventaja es que, cuando nos sentimos tristes, somos menos propensos a actuar. Por eso es que la tristeza ofrece una buena oportunidad para reflexionar sobre las decisiones que hayas tomado en fechas recientes; por ejemplo, puedes aprovechar tu tristeza para reevaluar tus decisiones de negocios e inversión con mayor objetividad. Cuando te sientes triste, también puedes pasar más tiempo en tu escritorio en un ambiente tranquilo para mejorar tu concentración.

## La felicidad fomenta la creatividad y agiliza la toma de decisiones

Cuando nos sentimos felices, nos volvemos más creativos y somos capaces de tomar decisiones rápidas.

Si estás feliz porque tu propuesta fue aceptada, utiliza esa energía para idear un nuevo plan. Si sacaste una buena calificación en un examen, trata de resolver problemas que requieran un pensamiento más creativo. Si por fin conseguiste salir con la chica de tus sueños, asegúrate de que la cita que planeas sea impecable. Al canalizar tu energía alegre y positiva en el emprendimiento de tareas creativas, puedes acceder a un estado de alta concentración similar al flujo.

Cuando te sientas contento podrías experimentar con una actividad creativa como el vaciado cerebral. Al extraer pensamientos aleatorios de tu cabeza, podrías toparte con una idea útil que quizás hayas descartado previamente. Si deseas obtener mucho mejores resultados, reúnete con un grupo de personas positivas (aquellas que no rechazarán tus propuestas) para rebotar ideas en un ambiente relajado.

Por otro lado, también **hay cosas que *no* deberías hacer cuando te sientas feliz o eufórico.** No prestes demasiada atención a lo que dicen los demás, sobre todo los profesionales de ventas. Sus ingeniosos argumentos de venta que te invitan a imaginar un futuro idílico buscan estimular tu creatividad. Y recuerda: eres más propenso a tomar decisiones rápidas cuando estás feliz. Podrías terminar por acceder a algo de lo que te arrepentirás más adelante.

A diferencia de la tristeza, que nos vuelve más tranquilos, la felicidad es una fuerza que nos empuja hacia delante —a veces en la dirección equivocada. Nos volvemos descuidados. Estamos tan contentos por ver que las cosas están funcionando que pensamos que todo va a salir de maravilla. Ésta es la razón por la que los emprendedores exitosos a menudo son víctimas de las estafas de inversión; la alegría que derivan de manejar una empresa redituable afecta su buen juicio.

Así que recuerda: cuando las cosas estén saliendo muy bien, quizá debas pensar con detenimiento antes de tomar una decisión.

## Incorpora las emociones en tu calendario

Por último, me gustaría introducir un método conocido como *planeación emocional.* Al incorporar tus emociones en tu calendario, puedes aprovechar al máximo cada emoción y concentrarte con eficiencia.

## ¡Pruébala! - Planeación emocional

Pongamos en práctica lo que hemos aprendido hasta ahora y hagamos un calendario. ¿Cuál sería el mejor momento para trabajar? Probablemente después de pasar un rato con un amigo cercano. Podrías encargarte del tedioso papeleo después de ver una película triste. Si planeas asistir a una reunión por la tarde sobre un proyecto en específico, podrías almorzar en el restaurante que tanto te han recomendado últimamente. En lo que respecta a esos problemas difíciles que has evadido hasta ahora, podrías enfrentarlos después de tomar el metro en hora pico o al recordar experiencias decepcionantes.

**Al predecir tus emociones, puedes crear un calendario efectivo donde incorporarlas.** Después de disfrutar de un momento relajante con tu amigo, esa energía positiva sin duda se reflejará en tu trabajo. Degustar un buen almuerzo te ayudará a pensar en ideas creativas.

El estrés de la hora pico podría ofrecerte claves útiles, y la película triste te permitirá ser más observador y meticuloso mientras trabajas. La planeación emocional te permite sacar total provecho de tu abanico de emociones, y aumenta tu capacidad de concentración.

**Un ejemplo de planeación emocional**

| | |
|---|---|
| 8:00 a. m. | Viajar en hora pico |
| 9:00 a. m. | Crear propuesta para mejorar el desempeño del equipo |
| 12:00 p. m. | Almorzar con un amigo en el restaurante mencionado |
| 1:00 p. m. | Generar ideas para propuesta |
| 3:00 p. m. | Tomar un receso (salir a caminar) |
| 3:30 p. m. | Realizar trabajo de oficina (en el escritorio) |
| 7:00 p. m. | Volver a casa |
| 7:30 p. m. | Ver una película triste |
| 9:00 p. m. | Reflexionar |
| 10:00 p. m. | Dormir |

Cuando esto se maneja de forma correcta, nuestras emociones pueden servir como un poderoso motor para la concentración. Al entender cómo funciona cada emoción, puedes utilizar este conocimiento a tu favor para mejorar tu desempeño.

**Conclusión:**

Entiende cómo funcionan tus emociones y utilízalas para mejorar tu concentración.

## Motor 5: Hábitos

► Conserva tu fuerza de voluntad al tomar menos decisiones.

En la parte 1, mencioné que **la mejor manera de ahorrar fuerza de voluntad es convertir las actividades en hábitos**. Cuando todo se vuelve un hábito, **reducimos el número de decisiones por tomar**, lo que mejora nuestra capacidad en concentración.

¿Alguna vez te has preguntado cómo los deportistas profesionales logran mantener la concentración bajo presión y tomar una decisión crucial tras otra? Resulta que en realidad no están concentrados; mediante la práctica, han aprendido a moverse sin pensarlo. Luego de examinar el cerebro de los atletas de alto rendimiento se ha encontrado que el cerebelo es lo que más se utiliza durante una competencia, mientras que el lóbulo frontal —la fuente de la concentración— permanece virtualmente inactivo. Esto indica que en cuanto una actividad se vuelve un hábito, puede realizarse sin consumir fuerza de voluntad.

Lo mismo sucede en el mundo de los negocios. La gente enfocada y competente no siempre es la más talentosa; es sólo que sabe cómo controlar su concentración. Al hacer de cada tarea un hábito, estos individuos ahorran fuerza de voluntad, misma que utilizan para cultivar nuevas habilidades. **La clave es enfocarse en una habilidad a la vez; sobrecargar tu cerebro sólo consigue debilitar tu concentración**.

En esta sección, hablaré sobre algunas maneras específicas para conservar tu fuerza de voluntad. Al incorporar los siguientes métodos en tu rutina diaria, reducirás tu consumo de fuerza de voluntad, con lo que aumentarás tu concentración y eficiencia en el trabajo.

### Elimina las opciones, comenzando por tu guardarropa

Cada vez que tomamos una decisión, gastamos fuerza de voluntad, lo que merma nuestra capacidad de concentración. Por eso es que **reducir el número de opciones disponibles es una forma efectiva de aumentar nuestra concentración**. La clave es simplificar —y tu guardarropa es un buen lugar para comenzar.

Muchos emprendedores exitosos se caracterizan por utilizar la misma ropa todos los días. El fundador de Facebook, Mark Zuckerberg, rara vez aparece en público sin su famosa playera gris; el icónico atuendo de Steve Jobs consistía en una playera negra de cuello de tortuga, jeans Levi's 501 y unos tenis grises New Balance.

Elegir qué ponerse todos los días puede ser un proceso laborioso. Al eliminar esa decisión, podemos ahorrar fuerza de voluntad y canalizar nuestra energía en cosas más valiosas. Steve Jobs, quien practicaba la meditación, entendía la importancia de ahorrar fuerza de voluntad y agudizar la concentración. Su famosa frase es algo que todos deberíamos preguntarnos cuando nos sentimos abrumados por el exceso de opciones: **"Si hoy fuera el último día de mi vida, ¿querría hacer lo que voy a hacer hoy?"** Tomar decisiones —sin importar cuán triviales— se interpone en el camino de la concentración efectiva; al simplificar nuestro guardarropa, podemos ahorrar fuerza de voluntad y enfocarnos en las cosas que más nos importan.

Para optimizar tu clóset, lo único que necesitas son siete ganchos —uno para cada día de la semana. Al planear qué te pondrás con antelación, puedes arreglarte cada mañana sin estresarte por coordinar tu corbata con tu camisa, con lo cual conservarás fuerza de voluntad. **Para una mayor eficiencia, elige colores que combinen entre ellos.** Elegir artículos compatibles facilita la coordinación, lo que elimina la necesidad de tomar decisiones.

## Si deseas ahorrar fuerza de voluntad, no postergues

Entre menos decisiones tomamos, más fuerza de voluntad ahorramos.

Las decisiones afectan cada aspecto de nuestra vida, incluyendo el trabajo doméstico. Incluso una tarea tan simple como lavar los trastes requiere una serie de decisiones: ¿Debería lavarlos ahora mismo o más tarde? ¿Debería encargarme yo o pedirle ayuda a mi pareja? Después de comer, suele darnos un poco de sueño, y con frecuencia terminamos por postergar las cosas.

Mi regla personal es lavar los trastes inmediatamente después de comer. En cuanto termino mis alimentos, sé lo que tengo que hacer, así que no pierdo el tiempo pensando en qué acción realizar a continuación. Como mencioné en la parte 1, **es la decisión y no la acción la que consume nuestra fuerza de voluntad**. Cuando postergamos, a nivel inconsciente aún tenemos presente la tarea pendiente, lo cual se traduce en fatiga de decidir. **A fin de conservar nuestra fuerza de voluntad, debemos eliminar las opciones al establecer reglas para nuestras actividades diarias.**

## Organízate para vencer las tentaciones

¿Alguna vez has experimentado una gran necesidad de limpiar tu cuarto antes de un examen o a la mitad de un proyecto importante?

Cuando nos enfrentamos a una tarea relevante, a menudo evadimos nuestras responsabilidades involucrándonos en actividades desvinculadas del trabajo. Éste es un fenómeno psicológico conocido como ***self-handicapping***: al poner excusas ("No pude estudiar para el examen porque tenía que limpiar mi cuarto"), nos preparamos para un posible fracaso, con lo que mantenemos nuestra autoestima intacta.

Como podrás adivinar, la ***self-handicapping*** afecta la concentración efectiva. Al involucrarnos en actividades irrelevantes, perdemos la fuerza de voluntad necesaria para enfocarnos en nuestro trabajo. Para evitar la tentación de limpiar cuando tenemos que hacer algo de mayor importancia, **debemos asegurarnos de que nuestro espacio de trabajo esté libre de distracciones**.

Como mencioné con anterioridad, los únicos objetos que tengo en mi escritorio son libros, un cuaderno y una pluma. **Al tener pocos objetos en mi escritorio, rehúyo el impulso de limpiar.** Todo lo que se encuentra en mi escritorio se relaciona con mi trabajo, lo que me permite enfocarme en cuanto me siento.

Una manera sencilla de eliminar las distracciones es **agrupar los objetos innecesarios y colocarlos en una caja**. Ordenar tu área de trabajo —aunque sea temporalmente— no sólo descarta los objetos que podrían desviar tu atención, sino que también puede servir para activar tu concentración.

Cuando hayas llenado la caja de artículos distractores, guárdala en un sitio donde no la puedas ver. Yo puse la mía en el cajón de un cuarto que utilizo como bodega, totalmente alejada de mi vista. **Cuando los objetos no están a la vista, no tienen el potencial de distraernos.** De acuerdo con el descuento hiperbólico —un término utilizado en la economía del comportamiento—, **las cosas que están física y espacialmente cerca de nosotros suelen afectarnos más.** Por ello es importante eliminar cualquier distracción de nuestro ambiente de trabajo.

Si quieres organizar tu oficina pero no tienes una caja, utiliza un cajón. Mantener tu primer cajón vacío garantiza que tengas espacio suficiente para guardar cualquier objeto innecesario, lo cual te permitirá ordenar tu escritorio y concentrarte con mayor facilidad.

## Cómo reducir las distracciones

**Si deseas enfocarte más, convierte la limpieza de tu escritorio en un hábito, sobre todo antes de iniciar una actividad que exige concentración.** La clave está en eliminar posibles distracciones de tu ambiente de trabajo. La mejor forma de lograrlo es tener pocas pertenencias. Más objetos implican más opciones, lo que disminuirá tu fuerza de voluntad.

En mi caso, a fin de mantener mi espacio de trabajo lo más sencillo y ordenado posible, he reducido mis pertenencias utilizando una variedad de métodos. Para empezar, ni siquiera tengo un teléfono celular o una computadora portátil; los rento. Comprar un celular o una computadora es un proceso que consume tiempo —comparar precios, evaluar opciones—, así que lo evito por completo al rentar ambos artículos.

El exceso de documentos impresos, un enorme obstáculo que enfrentamos cuando queremos imponer algún tipo de orden, puede reducirse mediante el escaneo de archivos. Yo utilizo una aplicación llamada Evernote, que posee una función de reconocimiento óptico de caracteres (ROC) que convierte cualquier documento en un archivo de sólo lectura. Deshacerse del papel reduce el desorden de forma significativa, lo que mejora nuestra capacidad para concentrarnos.

**Nuestra concentración se ve afectada por qué tan bien libramos las distracciones.** Al establecer una meta clara y eliminar los obstáculos, ahorramos fuerza de voluntad, lo que nos permite aumentar nuestra eficiencia y productividad.

**Conclusión:**

Utiliza tu fuerza de voluntad con efectividad al desarrollar los hábitos adecuados.

## Motor 6: Ejercicio

▸ Ejercitarse con regularidad estimula el cerebro, lo que aumenta la concentración.

Cuando se trata de mejorar tu concentración, un poco de ejercicio puede ser de gran ayuda. De acuerdo con un estudio realizado en la Universidad de Georgia, **20 minutos de ejercicio leve pueden mejorar nuestra concentración y capacidad cognitiva por entre tres y cuatro horas**. Realizar cualquier actividad física regula el flujo sanguíneo cerebral, lo que provoca que el cerebro libere una sustancia química llamada dopamina, la cual se asocia con el aprendizaje y la motivación.

El ejercicio ayuda a restablecer la fuerza de voluntad, lo que facilita la concentración. Una vez tuve un compañero en la escuela que sacudía el cuerpo cuando tenía que resolver un problema matemático; decía que mover sus brazos y piernas le ayudaba a concentrarse, un argumento sustentado por sus buenas calificaciones. Como mencioné en la sección sobre la postura, **sentarse durante mucho tiempo sin moverse no promueve la agudeza de pensamiento**. Por eso me gusta caminar mientras leo.

**El ejercicio frecuente fortalece el cerebro, lo que lo vuelve menos susceptible al cansancio.** Un equipo de investigadores de la Universidad de California en Los Ángeles (UCLA) encontró que ejercitarse con regularidad promueve el desarrollo de factores de crecimiento y neuronas, lo que previene la pérdida del volumen del cerebro. El ejercicio también ayuda a liberar el estrés, lo que se traduce en **pensamientos positivos** y estabilidad emocional.

En esta sección compartiré algunos ejercicios que puedes incorporar a tu rutina diaria desde ahora. El ejercicio ligero estimula la función ejecutiva del cerebro, **lo que te permite mantener la concentración todo el día**.

## El ejercicio frecuente es crucial para mantener la concentración

Antes de hablar sobre rutinas de ejercicio específicas, déjame explicarte por qué el ejercicio juega un papel tan importante en la concentración efectiva.

En pocas palabras: está en nuestros genes. Nuestros ancestros tenían que usar la cabeza cuando salían a cazar su comida; sobrevivir dependía de su capacidad para concentrarse. **La actividad física estimula el pensamiento** —está arraigado en nuestro ADN.

**El ejercicio frecuente mejora las funciones del cerebro, lo que nos permite concentrarnos por largos periodos.** Por eso voy al gimnasio sobre todo cuando tengo mucha carga de trabajo; hacer ejercicio por la mañana aclara mi mente, lo que incrementa mi eficiencia laboral.

## Los beneficios del ejercicio verde

Como mencioné con anterioridad, 20 minutos de ejercicio ligero pueden tener un efecto significativo en nuestra capacidad de concentración. Sin embargo, no es fácil incorporar una rutina de 20 minutos de ejercicio de forma cotidiana, sobre todo si estamos todo el día en la oficina. Si te resulta difícil dedicar un espacio diario en tu agenda a una actividad física, te recomiendo probar algo llamado ejercicio verde.

De acuerdo con un estudio realizado en la Universidad de Essex, **cinco minutos de ejercicio en un entorno natural pueden aumentar nuestra energía física y mental**. En un inicio, el estudio encontró que ver imágenes del campo al ejercitarse en una caminadora tiene un efecto positivo en la presión sanguínea y el bienestar emocional; cuando a los participantes se les pidió que hicieran ejercicio al aire libre, los resultados fueron incluso mejores. El estudio también encontró que el cerebro es estimulado durante los primeros cinco minutos de ejercicio, lo que significa que no se requiere una rutina de mayor duración. Eso es lo maravilloso del ejercicio verde; al realizar una actividad física en un entorno natural, podemos obtener grandes resultados en muy poco tiempo.

Para disfrutar de los beneficios del ejercicio verde, lo único que necesitas es encontrar un entorno natural —un parque, una calle arbolada— cerca de tu oficina y salir a caminar. Si es posible, busca un lugar en donde haya una fuente o un arroyo; los efectos del ejercicio verde aumentan con la presencia de agua. Para una mayor concentración, recomiendo caminar antes del almuerzo. **La exposición a la luz solar por la mañana desencadena la liberación de serotonina**; conocida como la hormona de la felicidad, no sólo mejora nuestra concentración sino que también reduce el estrés, lo que nos ayuda a sentirnos más positivos. También puedes elevar tu nivel de serotonina al comer ciertos alimentos —huevos, pollo, plátanos— durante el desayuno. Hablaré más sobre la serotonina en la parte 3.

## Tres ejercicios efectivos que puedes empezar hoy

A continuación menciono otros ejercicios que pueden mejorar la concentración. Al incorporarlos en tu rutina diaria, puedes restaurar tu fuerza de voluntad y mantenerte concentrado a lo largo del día.

## ¡Pruébalos!

### Rutina de siete minutos: Entrenamiento por intervalos de alta intensidad (EIAI)

El entrenamiento por intervalos de alta intensidad (EIAI) es una rutina de ejercicio que combina episodios de ejercicio vigoroso con tiempos de recuperación cortos. Con este método, utilizado por algunos atletas profesionales, **en tan sólo siete minutos logramos los mismos efectos que durante una hora de ejercicio de baja intensidad**. Puedes intentar alguna de las rutinas en casa al descargar una aplicación de acondicionamiento físico.

**Rutina de 10 minutos: Entrenamiento con escaleras**

Si estás todo el día en la oficina y nunca tienes tiempo para hacer ejercicio, recuerda que el simple hecho de prescindir del elevador puede aumentar tu concentración y productividad. Subir y bajar escaleras durante 10 o 20 minutos puede ayudar a aclarar tu mente, lo que te permitirá concentrarte en tu trabajo en cuanto regreses a tu escritorio.

**Rutina de 30 minutos: Entrenamiento de marcha rápida**

La marcha rápida es otra gran forma de ejercitarse para quienes no tienen tiempo de ir al gimnasio. Al bajarte del metro una estación antes de tu parada y caminar al trabajo (o a la escuela) a un paso rápido, puedes activar tu modo de concentración y prepararte para el día que te espera; **el sol matinal estimula la liberación de serotonina**, lo que mejora aún más tu concentración. Si necesitas trabajar o estudiar de noche, una marcha rápida al final del día puede ayudarte a restaurar tu fuerza de voluntad.

**Conclusión:**

Entrena tu cerebro. Para mantener la concentración a lo largo del día, debemos ejercitarnos con regularidad.

## Motor 7: Meditación

▸ Unos cuantos minutos de meditación pueden tener un gran impacto en nuestra capacidad de concentración.

El último motor de la concentración que me gustaría abordar es la meditación. En años recientes, la meditación ha sido reconocida como una manera efectiva de aumentar la materia gris en la corteza prefrontal, una zona del lóbulo frontal —la fuente de la fuerza de voluntad. Los científicos han encontrado que **meditar con regularidad eleva la concentración y la atención**. También tiene un impacto positivo en la autoconciencia, el autocontrol y nuestra capacidad para manejar el estrés.

**Para aprovechar los efectos de la meditación al máximo, lo mejor es practicarla con regularidad.** Las investigaciones han mostrado que meditar durante tres horas mejora nuestro autocontrol y nuestra capacidad de atención; 11 horas de meditación pueden promover la comunicación neuronal, con lo que se agudiza la concentración. Otros estudios también han comprobado que meditar tres horas a la semana durante más de dos meses aumenta la calidad de la materia gris en la corteza prefrontal, lo que incrementa nuestra fuerza de voluntad.

**Meditar con frecuencia permite desarrollar nuestra concentración, al igual que hacer ejercicio ayuda a fortalecer nuestros músculos**. Mientras que meditar durante 20 minutos cuatro veces a la semana puede mejorar nuestra capacidad de concentración, tan sólo tres minutos de meditación diaria pueden fortalecer nuestra fuerza de voluntad. Cuando empecé a meditar, sólo tardé tres semanas en notar sus efectos: **me sentía más tranquilo y con mayor dominio de mi concentración**. Para sacar provecho de los beneficios de la meditación, es importante practicarla con regularidad, aunque sea por unos cuantos minutos.

## La importancia de enfocarte en tu respiración

La gran maravilla de la meditación es que puede realizarse a cualquier hora y en cualquier lugar. Lo único que necesitas es seguir los siguientes pasos:

**Siéntate derecho.**
Siéntate con la espalda erguida y recuerda la postura ideal para sentarse que abordamos en la sección sobre la postura. Coloca las manos sobre tu regazo y lentamente cierra los ojos. Esto puede realizarse en una silla o sobre el suelo.

**Respira lento y profundo.**
Inhala por la nariz durante siete segundos y exhala por la boca durante siete segundos. Si esto te resulta muy difícil, empieza con un ciclo más corto. Repite el ciclo durante tres a cinco minutos.

Alcanzar un estado de concentración mediante la meditación no es fácil. En un principio, es probable que te distraigas. **La clave está en concentrarse en la respiración.** Al recordar la forma adecuada de respirar —*inhalar, exhalar, inhalar, exhalar*—, evitarás que los pensamientos distractores entren a tu mente. Recuerda redirigir tu atención a la respiración cada vez que empieces a perder la concentración. Y otra cosa: ¡no te duermas! Si notas que comienzas a sentirte adormilado, abre los ojos e intenta centrar tu atención en un objeto en particular.

Aunque respirar por la boca es un aspecto importante de la meditación efectiva, la respiración nasal ha demostrado ser mejor para nuestra concentración. De acuerdo con un estudio realizado por el neurocientífico Toshinori Kato y los dentistas Masahiro y Sayaka Sano, **respirar por la boca causa que el lóbulo frontal consuma más oxígeno que respirar por la nariz**; incapaz de descansar, el lóbulo frontal cae en un estado de fatiga crónica, lo que conduce a una menor concentración y eficiencia laboral.

Cuando meditamos con regularidad y prestamos más atención a nuestra respiración, estimulamos nuestro cerebro con efectividad, con lo cual mejoramos nuestra capacidad de concentración. Si eres el tipo de persona que se distrae con facilidad, no te preocupes: **al meditar, nuestra fuerza de voluntad se refuerza cada vez que redirigimos nuestra atención a nuestra respiración**. Así que está bien dejar que tu mente divague —siempre y cuando recuerdes concentrarte en tu respiración.

**Conclusión:**

Agudiza tu concentración al hacer de la meditación un hábito. Nuestra forma de respirar es esencial para una concentración efectiva.

# PARTE 3

## Cómo recuperarse del cansancio: Las tres curas

# Utiliza estos tres métodos básicos para recuperar tu energía

Comenzaré con una pregunta: ¿ahora mismo te sientes cansado?

Es probable que casi todos respondan de manera afirmativa. De acuerdo con una encuesta realizada por el Ministerio de Salud, Trabajo y Asistencia Social, 70% de la gente que trabaja padece de cansancio crónico.

Sin embargo, como mencioné en la parte 1, el cansancio no es más que una ilusión del cerebro. Cuando nos sentimos "cansados" —física, mental o emocionalmente—, el cerebro nos dice que bajemos el ritmo en respuesta a un instinto de autoconservación. Es importante recordar que el cansancio técnicamente *no* afecta nuestra fuerza de voluntad o nuestra capacidad de concentración. No puede hacerlo —después de todo, es sólo una ilusión.

No obstante, resulta indudable que el cansancio afecta la concentración efectiva. **En esta parte, describiré tres maneras de recuperar la fuerza cuando te sientas agotado**. Al restaurar nuestra fuerza de voluntad y reducir nuestra sensación de cansancio, podemos asegurarnos de tener la energía necesaria para aprovechar cada día al máximo.

## Cura 1: Dormir

► Nunca subestimes el poder de una buena noche de sueño.

Nuestra capacidad para concentrarnos se ve afectada en gran medida por cuán poco o mucho dormimos. No dormir lo suficiente resulta en una condición llamada disfunción prefrontal leve, que básicamente significa que el cerebro está demasiado "ebrio" para funcionar de manera adecuada. Además, **la falta de sueño crónica (dormir menos de seis horas diarias) nos vuelve más sensibles a los estímulos externos, lo que nos hace más propensos a las distracciones**.

Por eso es que desvelarse nunca es una buena idea. Cuando dejamos de dormir, perdemos la capacidad de concentrarnos, lo que afecta nuestra productividad. Otra razón por la que no debemos desvelarnos es que no vale la pena el esfuerzo. En un famoso estudio, el psicólogo alemán **Hermann Ebbinghaus encontró que la memoria no dura mucho tiempo, de hecho, olvidamos más del 70%** de lo que aprendemos en un día.

### El sueño de calidad revive nuestra fuerza de voluntad

En la parte 2, mencioné que el cerebro consume energía incluso mientras dormimos. Cuando estamos dormidos, el cerebro se encarga de dos cosas.

Primero, se repara a sí mismo. Al restaurar células nerviosas dañadas, repone la fuerza de voluntad y se recupera del cansancio.

Segundo, consolida la memoria. Cuando estamos despiertos, hay demasiadas cosas sucediendo a nuestro alrededor, por lo que nuestro cerebro no tiene oportunidad de procesarlo todo. Dormir limita la cantidad de información que recibimos, lo que le permite al cerebro organizar nuestros pensamientos y convertir ideas importantes en recuerdos de largo plazo.

El sueño de calidad es una parte integral del aprendizaje efectivo. Si no dormimos lo suficiente, el cerebro es incapaz de restaurar la fuerza de voluntad, lo que se traduce en una menor concentración. Una encuesta mostró que los estudiantes que eran admitidos a la Universidad de Tokio dormían un promedio de siete horas cuando se preparaban para el examen de admisión. **Al dormir lo suficiente, incrementamos nuestra productividad y oportunidades de éxito.**

Cuando estamos dormidos, somos incapaces de retener información nueva. Por eso es que **el mejor momento para memorizar algo es justo antes de irte a dormir**. Para evitar que entren pensamientos extraños a tu mente, lo mejor es evitar llevarte el teléfono celular a la cama. En la parte 4 hablaré más sobre hábitos de sueño efectivo.

## Define tu tipo de sueño

Todas las personas requieren distintas cantidades de sueño. De acuerdo con un estudio realizado por la Universidad de California, la cantidad de sueño que necesitamos está determinada por nuestros genes.

Existen tres tipos de sueño: de plazo corto, largo y variable.

**Las personas con sueño de corto plazo pueden funcionar con entre tres y cuatro horas de sueño por noche.** Algunos personajes famosos como Napoleón Bonaparte y Thomas Edison encajan en esta categoría, pues es bien sabido que tomaban siestas con regularidad durante el día. Por su parte, **las personas con sueño de largo plazo necesitan unas 10 horas de sueño para recuperar su energía.** Se dice que tal era el caso de Albert Einstein.

Dado que los individuos con sueño de corto y largo plazo constituyen menos del 20% de la población, el resto pertenece a la categoría de plazo variable. **Aunque las personas con sueño de plazo variable por lo general duermen entre siete y ocho horas al día, pueden ajustar la cantidad de sueño que necesitan con entrenamiento.** Casi todos los individuos con sueño de plazo variable pueden condicionarse para funcionar con seis horas de sueño; sin embargo, es imposible que estos se conviertan en individuos con sueño de corto plazo.

La falta de sueño puede afectar nuestra capacidad para tomar decisiones racionales. Algunos estudios han mostrado que dormir poco nubla nuestro juicio al igual que el exceso de alcohol. Para mejorar tu concentración y desempeño, es importante descubrir tu tipo de sueño.

## La calidad del sueño es más importante que la cantidad

**El primer paso para conseguir un sueño de calidad es levantarse temprano.** Los humanos no somos nocturnos por naturaleza; nuestros cuerpos están diseñados para trabajar durante el día y descansar por la noche.

Para lograr levantarnos temprano, debemos acostarnos temprano —de preferencia antes de las 10:00 p. m. **No importa qué tipo de sueño tengamos, la calidad del mismo depende de cuán bien durmamos entre las 10:00 p. m. y las 2:00 a. m.** El sueño profundo durante estas horas estimula la liberación de las hormonas del crecimiento, que se encargan de reparar células dañadas y nos ayudan a recuperarnos del cansancio. Las hormonas del crecimiento también juegan un papel clave en la conservación de una piel sana y joven.

Al optimizar nuestro horario de sueño de acuerdo con nuestro ciclo natural, podemos mejorar la calidad de nuestro sueño y asegurarnos de que nuestro cuerpo descanse lo necesario.

## Buenos y malos hábitos de sueño

Mientras que levantarse temprano es una parte esencial del sueño de calidad, resulta casi imposible para un ave nocturna convertirse en una matinal de la noche a la mañana. A fin de realizar la transformación sin contratiempos y de manera efectiva, primero debemos ajustar nuestro reloj biológico. Esto puede lograrse al aumentar la reserva de serotonina del cuerpo.

Como mencioné en la sección sobre el ejercicio, la serotonina ayuda a mejorar nuestra concentración al reducir el estrés y la ansiedad. **Puedes aumentar tu nivel de serotonina al salir a caminar en la mañana y comer alimentos que contengan triptófano** —un aminoácido esencial que se encuentra en la carne, el pescado y los productos hechos a base de soya y lácteos. Comer pescados ricos en ácidos docosahexaenoicos (DHA) y eicosapentaenoicos (EPA) —como sardinas y caballas— durante el desayuno es una forma efectiva de reiniciar tu reloj biológico.

Si tienes problemas para conciliar el sueño por la noche, recomiendo darte un baño una hora antes de acostarte. Después de bañarte con agua caliente, tu temperatura corporal disminuye de forma gradual, lo que provoca que te sientas adormilado. También **puedes mejorar la calidad de tu sueño a través de la meditación**, que expliqué en la parte 2.

Algo que debes evitar antes de irte a dormir es la luz azul, pues ésta estimula el cerebro e incrementa la conciencia. Para garantizar un sueño de calidad, olvídate de tu teléfono celular o computadora antes de acostarte.

## Despierta a causa de la luz, no del sonido

A fin de mejorar la calidad de nuestro sueño, debemos prestarle atención a lo que nos rodea. Podemos crear un ambiente idóneo para dormir al enfocarnos en la exposición a la luz.

**Para garantizar un sueño de calidad, debemos estar en completa oscuridad.** Recomiendo utilizar cortinas o persianas que bloqueen la luz por completo. Sin embargo, el problema con este método es que impide que la luz del sol entre a la habitación en la mañana. Levantarse de manera abrupta por el sonido de un despertador es nocivo para nuestro cerebro; para salir de nuestro letargo de manera natural, necesitamos exponernos a la luz.

Afortunadamente, podemos superar este dilema apoyándonos en la tecnología más reciente. Por ejemplo, **existe un sistema de iluminación inalámbrico llamado Hue que nos permite controlar la luz en nuestra habitación desde nuestro celular o nuestra tableta**; al utilizar su función de cronómetro, podemos despertarnos ante una simulación de luz matinal. Los despertadores de luz iluminan nuestro cuarto de forma gradual antes de la hora en que solemos levantarnos, despertándonos poco a poco y con suavidad.

**Otras herramientas útiles incluyen la aplicación Sleep Cycle, que analiza nuestros patrones de sueño y nos despierta en la fase más superficial del sueño**, y Sense, un aparato para monitorear el sueño que mide diversos factores —como temperatura, humedad y calidad del aire— para ayudarnos a optimizar nuestro entorno de sueño.

Para mejorar la calidad de tu sueño y despertarte sintiéndote alerta y lleno de energía, es importante utilizar la luz de forma efectiva. Una vez que te has levantado, no olvides abrir las cortinas; la exposición a la luz matinal del sol promueve la liberación de serotonina, lo que de inmediato activa tu cuerpo.

## Duérmete de manera gradual

### Utiliza la luz como un preámbulo al sueño

Por ejemplo, el sistema de iluminación de Hue es igual de útil durante la noche que por la mañana. **Al apagar las luces de forma gradual, preparamos a nuestro cerebro y cuerpo para el descanso**. Otra forma de inducir el sueño es utilizar una luz suave e indirecta en vez de focos fluorescentes.

Aunque es mejor evitar la luz azul antes de acostarse, es difícil eludir las pantallas digitales por completo. Cuando necesito trabajar de noche, utilizo una aplicación llamada Flux, la cual filtra la luz azul y ajusta el brillo de la pantalla de mi computadora para minimizar las interrupciones al sueño.

## Una siesta de 15 minutos ofrece los mismos beneficios que tres horas de sueño

Una manera efectiva de restablecer tu fuerza de voluntad durante el día es tomar una siesta.

**Cuando nos vamos a dormir por la noche, alternamos entre 90 minutos de sueño profundo y 20 minutos de sueño ligero. Esto se conoce como ritmo ultradiano**. Al tomar una siesta de entre 15 y 20 minutos, podemos engañar al cerebro haciéndolo creer que descansó lo suficiente. Una siesta efectiva equivale a tres horas de sueño, y puede ayudarnos a mantener la concentración durante dos horas y media.

Hoy en día, muchas compañías y organizaciones —incluyendo Google, Nike, Apple y la NASA— promueven las siestas como una alternativa para mejorar la eficiencia de sus empleados. En Victoria, Australia, la Comisión de Accidentes de Transporte promueve las siestas para reducir los riesgos del cansancio de los conductores. Algunas empresas en Japón también han comenzado a permitirles a sus empleados tomar pequeñas siestas sin interrupciones durante el día.

Dado que las siestas no consumen mucho tiempo ni requieren ningún tipo de equipo especial, pueden incorporarse en tu día laboral con facilidad. Lo único que necesitas es apartar 20 minutos al final de tu hora de comida y recostar la cabeza sobre tu escritorio. **Respirar lenta y profundamente te ayudará a relajarte, lo que inducirá el sueño.** Los tapones para los oídos, los antifaces y las almohadas de escritorio son buenas herramientas para garantizar una siesta efectiva.

Cuando tomes una siesta, asegúrate de que sea breve. Dormir por más de 20 minutos puede hacerte sentir aletargado, lo que afectará tu desempeño. No obstante, si ya rebasaste el límite de los 20 minutos, quizá sea buena idea que continúes durmiendo; **un ciclo de sueño completo dura 90 minutos, y una vez completado, garantizas que al despertar te sentirás repuesto**.

**Conclusión:**

El sueño de calidad restablece la fuerza de voluntad, lo que mejora nuestra capacidad de concentración. Desarrolla los hábitos de sueño adecuados para mejorar tu desempeño.

## Cura 2: Sanar tus sentidos

▸ Los ojos cansados impiden la concentración efectiva.

Cuando perdemos la concentración mientras trabajamos o estudiamos, resulta fácil atribuirlo a la fatiga mental. Sin embargo, **algunos estudios recientes han encontrado que el cerebro nunca se cansa**.

Entonces, ¿qué es lo que nos hace sentir cansados? La respuesta se encuentra en nuestros músculos —esto es, los músculos alrededor de nuestros ojos.

### Nos sentimos cansados cuando nuestros ojos están cansados

A menudo descritos como las ventanas del alma, los ojos reflejan de forma directa nuestros sentimientos y pensamientos. Por eso es que los mentalistas le prestan tanta atención al movimiento de los ojos cuando intentan leer la mente de las personas. Los ojos pueden revelar nuestros secretos más profundos, y esto tiene una razón de ser: a diferencia de otros órganos, **los ojos están directamente vinculados con el cerebro**. Conectados con el cerebro a través de los nervios óptico y oculomotor, nuestros ojos transmiten una gran cantidad de datos. De hecho, **más de 80% de la información procesada por el cerebro es de origen visual**.

Entre más usamos nuestros ojos, más información enviamos al cerebro —además de que consumimos más fuerza de voluntad. Mirar fijamente un libro de texto o la pantalla de una computadora nos agota no porque tengamos la mente ocupada, sino porque interrumpimos el descanso de nuestros ojos. Para conservar nuestra energía y fuerza de voluntad, necesitamos darle un descanso a nuestros pobres y sobretrabajados ojos. Continúa leyendo para descubrir cómo hacerlo.

## Podemos concentrarnos más al liberar la tensión muscular ocular

La tensión ocular, una afección común en la era digital actual, ocurre cuando los músculos alrededor de nuestros ojos se tensan. Esto sucede cuando dejamos de mover nuestros ojos por largos periodos. Por ejemplo, mirar la pantalla de un teléfono celular o de una computadora durante horas provoca que los músculos extraoculares, que controlan el movimiento de los ojos, se vuelvan rígidos. Contemplar objetos de cerca por mucho tiempo también presiona el nervio ciliar, que es responsable de ajustar el enfoque del ojo.

Los síntomas del cansancio ocular incluyen dolor, enrojecimiento, problemas para enfocar la mirada y visión borrosa. Si padeces alguna de estas afecciones, te recomiendo probar los siguientes ejercicios. Al relajar los músculos que rodean tus ojos, puedes aminorar los efectos dañinos del cansancio ocular, lo que te permitirá mejorar tu concentración.

## Ejercicios para relajar los ojos cansados

A continuación comparto consejos simples, pero efectivos para darle a tus ojos ese descanso que tanta falta les hace.

## ¡Pruébalos!

### Aplica una compresa tibia

Una manera efectiva para mitigar el cansancio ocular es utilizar una compresa tibia, la cual **alivia la tensión muscular al mejorar la circulación**. Simplemente cubre tus ojos con una toalla o un antifaz caliente y relájate durante unos cinco minutos. Este método también funciona para aliviar el síndrome del ojo seco.

## Haz estiramientos de ojo

La rigidez muscular es ocasionada por falta de movimiento, por lo que es importante estirar los ojos de vez en cuando.

Primero, cierra bien los ojos. Luego ábrelos ampliamente. Repite esta acción unas cuantas veces. Después, mueve tus ojos de arriba abajo lentamente, y de lado a lado; esto también deberá hacerse un par de veces. Por último, traza un círculo con los ojos —una vez en dirección y otra en contra de las manecillas del reloj. Este ejercicio no sólo ayuda a aliviar la tensión de los músculos alrededor de los ojos, sino que también previene la resequedad al obligarte a parpadear.

Puedes relajar el músculo ciliar —encargado de ajustar el lente que nos ayuda a enfocar la mirada en distintos objetos— al modificar tu enfoque de una distancia a otra. Elige un objeto ubicado a tres metros de distancia de ti y obsérvalo. Luego, mira algo que esté a unos 30 centímetros de distancia. Repite esto 20 veces. Este ejercicio en particular se recomienda para aquellos que pasan mucho tiempo frente a su computadora.

## Deja descansar tus ojos

Uno de los mejores remedios para los ojos cansados es la oscuridad. Se dice que la simple acción de **bloquear cualquier información visual** —aunque sea por unos cuantos minutos— proporciona mayor alivio que las gotas para los ojos o un masaje. Al igual que el sueño, también puede ayudar a organizar y consolidar recuerdos.

Una forma sencilla de descansar los ojos es tomar una breve siesta utilizando un antifaz. **También puedes darles un descanso a tus ojos al emplear una técnica del yoga llamada *palming*.**

Primero, frota las palmas de tus manos una contra la otra para calentarlas. Luego, pon tus manos en forma de copa y colócalas sobre tus ojos sin tocar los párpados. Ajusta tus dedos de tal manera que logres bloquear toda la luz posible. Abre los ojos y mira la oscuridad por un minuto.

## Revitaliza tu fuerza de voluntad al estimular tu sentido del olfato

¿Alguna vez el olor a jabón o perfume te ha recordado a alguien o evocado imágenes de un pasado lejano? Es probable que la mayoría de ustedes haya experimentado esto, pues **nuestro sentido del olfato está íntimamente ligado con las emociones y la memoria.**

Los olores son procesados por una parte de nuestro cerebro conocida como el sistema límbico, que juega un papel central en la memoria. Las señales olfativas disparan la liberación de hormonas, lo que incrementa el flujo sanguíneo e impulsa las funciones de cada órgano. Ciertos olores no sólo nos hacen sentir más relajados, sino que también pueden mejorar nuestra concentración al ayudarnos a reponernos del cansancio.

**El romero, un aroma popular en la aromaterapia, ayuda a restaurar la fuerza de voluntad al aumentar el flujo sanguíneo al cerebro**; está vinculado con una mejor memoria, por lo que a menudo se utiliza para tratar la demencia. **Se ha comprobado que el olor refrescante de la menta mejora nuestra concentración al disipar la somnolencia y reducir el cansancio.** Si tienes problemas para concentrarte en el trabajo o en la escuela, el olor a canela puede resultarte de gran utilidad; algunos estudios han encontrado que el olor a canela incrementa nuestra memoria y funciones cognitivas.

Nuestro sentido del olfato es una herramienta poderosa. Al estimularlo de manera efectiva, restauramos nuestra fuerza de voluntad, con lo que mejoramos nuestra energía física y mental.

**Conclusión:**

Para recuperarte del cansancio con efectividad, debes entender cómo funcionan tus sentidos.

## Cura 3: Escribir tus preocupaciones

► Mejora tu memoria operativa al deshacerte de pensamientos negativos.

**Nuestra capacidad de concentrarnos en una tarea específica se ve afectada por un tipo de memoria llamada memoria operativa.** La memoria operativa nos permite almacenar información de forma temporal para un objetivo específico. Por ejemplo, utilizamos nuestra memoria operativa cuando tratamos de recordar un número telefónico o hacer cálculos mentales. Nuestra memoria operativa es la que nos permite tener conversaciones con otras personas; sin ella, no seríamos capaces de recordar las preguntas de la gente por el tiempo suficiente para responderlas.

La memoria operativa es como la fuerza de voluntad: entre más la utilizamos, más difícil nos resulta concentrarnos. **Cuando realizamos varias cosas a la vez o tomamos demasiadas decisiones, nuestra memoria operativa se queda sin espacio**, lo que afecta nuestra capacidad de concentrarnos en la tarea actual. Para aumentar nuestro desempeño, debemos asegurarnos de que exista suficiente espacio en nuestra memoria operativa para almacenar y procesar información. Una manera de conseguirlo es anotar nuestras preocupaciones.

### Transforma la presión en concentración

De acuerdo con un estudio realizado por Sian Beilock, profesora de psicología en la Universidad de Chicago, **escribir nuestras preocupaciones incrementa la capacidad de nuestra memoria operativa, mejorando así nuestro desempeño.**

En el estudio, la profesora Beilock y su equipo hicieron que un grupo de 20 estudiantes presentara dos exámenes de matemáticas. La primera prueba se aplicó únicamente para medir las habilidades de los estudiantes. La segunda se aplicó después de someter a los estudiantes a varios tipos de presión. Por ejemplo, se les dijo que debían obtener una calificación alta para que su equipo obtuviera una recompensa económica, y que serían filmados durante el examen.

Antes del examen, se le pidió a la mitad de los estudiantes que pasara 10 minutos escribiendo sus pensamientos, mientras que el resto se sentó en silencio. Los estudiantes que habían anotado sus preocupaciones tuvieron un mejor desempeño en el segundo examen; por otro lado, las calificaciones de aquellos que se sentaron en silencio fueron más bajas. Un experimento de seguimiento comprobó que **nuestro desempeño mejora cuando abordamos nuestras ansiedades y nuestros miedos en específico**, y no al escribir sobre un tema al azar.

El origen de esto radica en nuestra memoria operativa. **Cuando nos sentimos nerviosos o presionados, nuestra mente se llena de pensamientos negativos, lo que ocasiona que nuestra memoria operativa exceda su capacidad.** Al expresar nuestras emociones, liberamos un espacio en nuestra memoria operativa para cosas más importantes y, como resultado, mejoramos nuestra concentración y nuestro desempeño.

Debido a que anotar nuestras preocupaciones ayuda a aclarar la mente antes de una tarea desafiante, se recomienda sobre todo para quienes sufren de pánico escénico. Si sientes mariposas en el estómago cada vez que tienes que hablar en público, tal vez quieras dedicar unos minutos a escribir tus sentimientos antes de tu siguiente discurso o presentación.

## Cómo retomar el trabajo con facilidad después de un receso

Aunque los recesos son esenciales para reponerse del cansancio, a menudo es difícil recuperar la concentración después de alejarnos de nuestro escritorio. Perder la concentración es contrario al propósito de tomar un descanso —y no queremos eso. **Para mantenernos concentrados a lo largo del día, es importante saber cómo retomar el trabajo sin dificultades y de manera efectiva.**

Como mencioné en capítulos anteriores, ejercemos la mayor parte de nuestra energía al inicio de una tarea. Lidiar con un problema difícil en cuanto volvemos al trabajo debilita nuestra fuerza de voluntad, lo que nos hace perder energía con rapidez. A fin de aumentar nuestra eficiencia, **necesitamos retomar el estado de concentración poco a poco. La mejor forma de hacerlo es empezar con algo sencillo al volver de un receso.**

Cuando regresamos de un almuerzo relajante o de tomar un café, la simple idea de reanudar el trabajo puede resultar abrumadora, sobre todo si estamos a la mitad de una tarea complicada. **Al empezar con una actividad que requiere poco esfuerzo, podemos retomar el modo de concentración de forma gradual, creando el impulso y la confianza necesarios para concentrarnos en nuestro verdadero trabajo.**

Así que la próxima vez que necesites enfrentar una tarea desafiante, date unos cuantos minutos de preparación. Los primeros cinco minutos son particularmente importantes. Si eres estudiante, resolver algunos problemas matemáticos sencillos antes de empezar un ensayo puede aumentar tu productividad. Escribir correos electrónicos breves y revisar documentos son excelentes maneras de fomentar la motivación en la oficina.

**Conclusión:**

Utiliza tu concentración de manera efectiva para vencer la presión y aumentar la productividad.

# PARTE 4

## Cómo concentrarse de forma automática: Las cinco técnicas de administración del tiempo

# Mejora tu desempeño al administrar tu tiempo de manera efectiva

Si hay algo que caracteriza a las personas competentes es que son excepcionalmente productivas. Debido a que las personas capaces suelen manejar numerosas tareas a la vez, no tienen más remedio que cultivar su eficiencia. Como resultado, desarrollan la habilidad de manejar y completar múltiples proyectos con éxito. Su desempeño mejora, al igual que su reputación. Esto se traduce en más oportunidades y el ciclo continúa.

Algo que todos tenemos en común es el número de horas en el día. Entonces, ¿qué es lo que hace que algunos individuos sean más productivos que otros? La respuesta radica en **la capacidad de administrar el tiempo de manera efectiva**. Tal y como sucede con la concentración, la administración del tiempo es una habilidad que puede adquirirse mediante la práctica. Al incorporar las siguientes técnicas en tu rutina diaria, aprenderás a concentrarte de forma automática, aumentando tu desempeño y productividad.

## Técnica 1: Levantarse temprano

► Hay una razón por la que a quien madruga, Dios le ayuda.

Richard Branson, Tim Cook, Howard Schultz, Jeff Bezos, Marissa Mayer, Arianna Huffington. ¿Puedes adivinar lo que estas personas tienen en común?

Además de ser algunos de los líderes de negocios más exitosos del mundo, también son personas madrugadoras. Para los directores generales de Apple y Starbucks, Tim Cook y Howard Schultz, respectivamente, un nuevo día inicia a las 4:30 a. m.

Se ha comprobado que levantarse temprano beneficia nuestra concentración y nuestro desempeño de manera significativa. Algunos estudios han encontrado que **el mejor momento para acceder a nuestra energía creativa es dos horas después de levantarnos**. Nuestra fuerza de voluntad está totalmente recargada por la mañana, lo que nos permite concentrarnos con efectividad y aprovechar nuestro tiempo al máximo.

Por desgracia, la mayoría de las personas desconocen cuán valiosas son esas horas matutinas. Como desean quedarse en cama el mayor tiempo posible, se saltan el desayuno, lo que priva al cerebro de energía. Cuando llegan al trabajo, se dedican a resolver tareas mundanas, sin darse cuenta de que están desperdiciando sus horas más productivas del día.

Si cualquiera de estos escenarios te resulta familiar, no es de sorprenderse que tengas dificultades para concentrarte. Las primeras dos horas de tu día son un bien preciado y puedes mejorar tu desempeño al utilizarlas sabiamente.

### La mañana es el mejor momento para la superación personal

A casi todos nos interesa la autosuperación. Sin embargo, tener tiempo disponible para la superación personal resulta complicado cuando estamos inmersos en el ajetreo de la vida diaria.

Es por esto que las personas exitosas suelen ser madrugadoras. Levantarse temprano no sólo añade horas a nuestro día, sino que también nos permite aumentar nuestra productividad. Al utilizar nuestras horas matutinas con efectividad, podemos adquirir habilidades que ayudan a mejorar nuestro desempeño y enriquecen nuestras vidas. Debido a que el cerebro no puede funcionar bien sin energía, lo mejor es trabajar en la autosuperación después del desayuno.

**El simple hecho de pararte de la cama una hora antes cada mañana, puede agregar dos semanas a tu año.** Levantarse temprano garantiza que aproveches tu día —y tu vida— al máximo.

## El ritmo circadiano

Como mencioné en la parte 3, el sueño tiene un impacto enorme en nuestra concentración y nuestro desempeño. Un estudio realizado en Estados Unidos encontró que la gente exitosa duerme unas ocho horas al día —dos horas más que el estadounidense promedio. Se dice que Tim Cook y Howard Schultz, quienes se levantan a las 4:30 a. m., todos los días, duermen entre 7 y 8 horas diarias. Esto significa que se acuestan antes de las 9:30 p. m.

Para muchos de ustedes, los patrones de sueño de estos magnates de los negocios pueden parecer poco realistas. Sin embargo, desde un punto de vista fisiológico, en realidad son bastante prácticos. Esto es porque se alinean con nuestro reloj biológico, también conocido como ritmo circadiano.

**El ritmo circadiano es un ciclo que regula nuestros procesos biológicos durante un periodo de 24 horas.**

En línea con la salida y la puesta del sol, le indica a nuestro cuerpo que se despierte por la mañana y que se duerma por la noche. El ritmo circadiano es lo que nos hace sentir alerta o adormilados a ciertas horas del día. Por ejemplo, **nuestro cerebro está programado para concentrarse de forma efectiva a las 10:00 a. m.** —otra razón por la cual nuestras horas matutinas son el mejor momento para la autosuperación.

Para mantener nuestra salud física y mental, es importante apegarse a un horario de sueño consistente. Los patrones irregulares del sueño pueden alterar nuestro ritmo circadiano, lo que lleva al insomnio y otros desórdenes del sueño. **Al entender y honrar nuestro ciclo natural, podemos asegurarnos de obtener el descanso necesario para concentrarnos a lo largo del día.**

## Siete cosas que hacer por la mañana

Otro común denominador entre los individuos exitosos es el ejercicio. Los madrugadores que mencioné antes dedican alrededor de 15 minutos cada mañana a realizar una actividad física ligera, como trotar, caminar o nadar. **Hacer ejercicio por la mañana estimula el cerebro, lo que provoca un aumento en la concentración y productividad.**

Tomando en cuenta los hábitos de los madrugadores exitosos y las investigaciones más recientes sobre el cerebro, compilé una lista de siete cosas que hacer por la mañana para mejorar la concentración y el desempeño:

1) Levántate temprano y desayuna.
2) Realiza ejercicio ligero al exterior.
3) Lee un poema o una frase que te inspire para motivarte.
4) Escribe algo por lo que te sientas agradecido.
5) Pregúntate: "Si hoy fuera el último día de mi vida, ¿qué haría?".
6) Dedica 10 minutos a planear tu día.
7) Medita.

Ya he explicado los beneficios del ejercicio, de la meditación y de madrugar. Hacer ejercicio al aire libre promueve la liberación de serotonina, o la hormona de la felicidad, lo que nos pone de buen humor; **cuando leemos frases inspiradoras o agradecemos las bendiciones que tenemos, nuestro estado de ánimo mejora todavía más**, lo que nos permite hacer a un lado nuestras preocupaciones e iniciar el día con el pie derecho.

## ¿Por qué es importante planear tu día?

Los dos puntos restantes —los incisos 5 y 6— se relacionan con la planeación.

**Cada mañana nos ofrece la oportunidad de hacer borrón y cuenta nueva para planear nuestro día.** Formularnos esa pregunta crucial —¿Qué haría si éste fuera el último día de mi vida?— es una manera de identificar nuestras prioridades a fin de poder construir un calendario que tenga sentido. Al establecer nuestras prioridades al inicio de cada día, reducimos el número de decisiones por tomar, con lo cual guardamos nuestra fuerza de voluntad para las cosas más importantes.

Cuando no tenemos un plan definido, es muy fácil perder de vista lo que debemos hacer. Por eso **es importante dedicar un tiempo cada mañana a planear nuestro día con antelación.** Tener un plan de acción específico nos permite controlar nuestro día —y no al revés. También crea un círculo virtuoso: debido a que somos más eficientes, podemos irnos a casa más temprano y descansar lo suficiente para despertarnos temprano al día siguiente.

## ¿Cómo divido mi tiempo?

Para aprovechar cada día al máximo, debemos entender cómo funciona la concentración. Al igual que la energía física, nuestra fuerza de voluntad mengua a medida que avanza el día, lo que dificulta la concentración. Si queremos ser más eficientes, debemos establecer un horario efectivo que refleje nuestro ciclo natural. Yo hago esto al dividir mi día en tres partes.

**La mañana es el mejor momento para el aprendizaje y el pensamiento creativo.** Debido a que nuestra concentración está en su mejor momento, podemos retener información y generar nuevas ideas. **Yo dedico mis mañanas a leer, estudiar y escribir ideas en cuanto me vienen a la mente.**

Por la tarde, salgo de mi oficina y me reúno con gente. Mi trabajo exige que asista a reuniones y participe como orador en eventos públicos, que son excelentes maneras de afianzar lo que he aprendido. Esto es porque **compartir nuestras ideas con otros es una forma efectiva de interiorizar información y consolidar la memoria**.

Comunicarse con otras personas por la tarde estimula el cerebro, lo que nos ayuda a concentrarnos a lo largo del día.

Yo disfruto pasar mis noches en silencio, leyendo un poco o revisando todo lo que he aprendido en el transcurso del día. **La noche es el momento menos apropiado para retener nueva información;** debido a que nuestra fuerza de voluntad está agotada, carecemos de la energía necesaria para realizar actividades que exigen nuestra atención. Es por esto que nunca es bueno postergar las cosas durante el día, pensando que las resolverás por la noche —lo más probable es que no logres hacerlo. Una forma de evitar esta trampa es establecer un límite de tiempo. Al decidir no trabajar después de cierta hora, puedes aumentar tu nivel de concentración y hacer las cosas a tiempo, dejando un espacio libre más tarde en el día para aquellas actividades que te permiten relajarte.

No importa si eres un ave madrugadora o nocturna, tu fuerza de voluntad es un recurso finito que se agota en el transcurso del día. Al levantarte temprano y ocupar tu mañana sabiamente, puedes aprovechar las horas más productivas de tu día, mejorando tu desempeño y, por ende, tu calidad de vida.

**Conclusión:**

Para impulsar tu eficiencia y productividad, aprovecha tus mañanas al máximo.

## Técnica 2: La Técnica *Pomodoro*

► El primer paso para lograr la concentración es trabajar en pequeños incrementos.

En la parte 1, expliqué que nuestra concentración no está diseñada para durar mucho tiempo, y que podemos concentrarnos mejor al dividir nuestro tiempo en partes pequeñas y manejables.

La Técnica *Pomodoro* nos ayuda a hacer justamente eso. Desarrollada por el emprendedor y autor Francesco Cirillo, es un sistema que promueve la concentración al partir el tiempo en 25 minutos de trabajo y 5 minutos de descanso. Nombrada en honor al cronómetro de cocina en forma de jitomate que Cirillo utilizó cuando estudiaba en la universidad, se ha comprobado que el método mejora la concentración y la productividad de forma significativa.

### Concéntrate en una tarea durante 25 minutos

**Para utilizar la Técnica *Pomodoro*, lo único que necesitas es un cronómetro. Elige una tarea, pon 25 minutos en el reloj y ¡comienza a concentrarte!** Lo importante es que te sumerjas en tu tarea hasta que suene la alarma. Una vez que lo haga, toma un receso de cinco minutos y repites el proceso hasta que termines tu trabajo.

La efectividad de este método radica en que nos obliga a parar antes de perder el interés en lo que estamos haciendo; nos deja a la mitad, lo que nos hace *querer* hacer más. **Trabajar en incrementos pequeños nos ayuda a mantener la concentración y la motivación**, lo que nos permite retomar nuestra tarea al volver de un receso.

En realidad, 25 minutos no son mucho tiempo. Cuando tenemos poco tiempo para completar una tarea, nuestra concentración aumenta de manera automática; esto se conoce como el efecto de la fecha límite. La clave es concentrarse en una sola tarea. Al volcar toda nuestra atención hacia una actividad específica, podemos bloquear las distracciones, aumentando nuestra productividad y nuestro desempeño en el proceso.

Si tienes problemas para mantener la concentración durante 25 minutos, empieza con incrementos más pequeños y cultiva tu resistencia. Al monitorear cuánto trabajo eres capaz de completar dentro de un tiempo específico, gradualmente desarrollarás una especie de intuición que te permitirá saber cuánto tiempo necesitas para realizar ciertas tareas, lo que mejorará aún más tu eficiencia.

## Utiliza el receso de cinco minutos de forma efectiva

Mientras que algunas tareas —limpiar nuestro escritorio, responder correos electrónicos, prepararnos para una presentación breve— son fáciles y rápidas de resolver, la mayoría de los trabajos son difíciles de completar en un periodo de 25 minutos. Después de concentrarte en una sola actividad durante casi media hora, tal vez te sientas tentado a hacer algo más cuando regreses de tu receso.

Sin embargo, esto no es recomendable. Cambiar de actividad no sólo distrae tu atención, sino que además te priva de la oportunidad de acceder a uno de tus recursos más poderosos: el inconsciente.

**Cuando dejamos una tarea a la mitad, nuestro cerebro sigue pensando en la actividad interrumpida**, aunque no nos percatemos de ello. Es por esto que nuestras mejores ideas a menudo surgen cuando estamos *lejos* de nuestro escritorio. Ésa es la belleza de la Técnica *Pomodoro*: al hacer pausas breves y frecuentes, logramos acceder a nuestro inconsciente, lo que nos brinda la inspiración necesaria para completar nuestra tarea rápida y exitosamente.

**Para aprovechar tu receso al máximo, intenta no pensar.** Incluso las actividades aparentemente inofensivas como revisar tu correo electrónico implican una o varias decisiones que afectan tu fuerza de voluntad y tu capacidad de concentración. Yo utilizo mis cinco minutos de pausa para meditar; realizar una caminata breve es otra gran manera de alejar tu mente del trabajo.

## Cómo aplicar la Técnica *Pomodoro* a tareas cotidianas

Lo grandioso de la Técnica *Pomodoro* es que trabajar en pequeños incrementos nos ayuda a reducir el tiempo perdido. Al utilizar el método de manera regular y monitorear nuestro trabajo, comenzamos a estimar mejor el tiempo que requerimos para completar ciertas tareas —algo de suma importancia y de lo que, sin embargo, pocas personas tienen conciencia. Por ejemplo, yo sé exactamente cuántas publicaciones puedo hacer en mi blog o cuántos tuits puedo enviar en 25 minutos. **Saber con exactitud la velocidad con que trabajo me permite emplear mi tiempo libre con eficiencia, lo que mejora mi productividad a nivel general.**

Otra razón por la que debemos monitorear nuestro trabajo es que nos ayuda a mantenernos motivados. Ver cuánto trabajo somos capaces de completar en un lapso de 25 minutos nos da un gran sentido de la recompensa, lo que aumenta nuestra seguridad y autoestima. Para lograr resultados óptimos, evita ser demasiado ambicioso: aplicar la Técnica *Pomodoro* a tareas complicadas y largas puede tener efectos adversos, y robarte la energía que necesitas para tener éxito.

**Conclusión:**

Para aprovechar tu día al máximo, divide tu tiempo en partes manejables.

# Técnica 3: El ritmo ultradiano

► Mejora tu concentración al aprovechar el ciclo natural de tu cuerpo.

En la parte 3, mencioné que el cuerpo alterna entre 90 minutos de sueño profundo y 20 minutos de sueño ligero. Este ciclo, llamado el ciclo ultradiano, también puede aplicarse a nuestra concentración.

Un estudio realizado por el psicofisiólogo Peretz Lavie encontró que los violinistas de talla mundial practican en incrementos de 90 minutos, sin sobrepasar las cuatro horas y media de ensayo. También reveló que los mejores violinistas duermen más que sus pares y toman siestas de 20 minutos por la tarde. Estos hallazgos demuestran que **podemos aumentar nuestro desempeño al darle un descanso a nuestro cuerpo y honrar nuestro ciclo natural**. El ritmo ultradiano puede ser una poderosa herramienta para la administración del tiempo —si sabes cómo utilizarlo con efectividad.

## Concéntrate en ciclos de 90 minutos

Podemos adaptarnos a nuestro ritmo natural alternando entre 90 minutos de actividad y 20 minutos de descanso.

Al igual que la Técnica *Pomodoro*, **la clave está en concentrarse en una tarea a la vez**. Cuando nos sentimos abrumados por el trabajo, es fácil caer en la trampa de hacer varias cosas a la vez, sobre todo cuando disponemos de 90 minutos; sin embargo, realizar diferentes cosas de manera simultánea no es tan eficiente como parece. Alternar entre una tarea y otra nos obliga a tomar decisiones, lo que afecta nuestra fuerza de voluntad. Para asegurarte de aprovechar tu periodo de actividad al máximo, es importante abocarte a una sola tarea.

Así como los patrones de sueño varían por individuo, cada persona se concentra mejor a distintas horas del día. **A fin de aprovechar al máximo el ritmo natural de tu cuerpo, necesitas monitorear tu ciclo y descifrar un horario que funcione para ti.** Puedes lograrlo al llevar un registro de tus actividades diarias —un "diario de concentración", por así llamarlo. Al trabajar en incrementos de 90 minutos y monitorear cuándo estuviste más concentrado, puedes establecer un horario efectivo que refleje tu propio ritmo ultradiano, con lo que optimizarás tu productividad y desempeño.

## Recupera tu fuerza de voluntad mediante el descanso activo

Después de concentrarte en una sola actividad durante 90 minutos, asegúrate de tomar un receso de 20 minutos. Aunque una siesta siempre es una buena opción, también vale la pena considerar los beneficios del descanso activo.

El descanso activo se basa en la idea de que es más fácil recuperarse del cansancio físico cuando no descansamos del todo. Lo mismo sucede con el cansancio mental. Al realizar ejercicio suave —hacer estiramientos, salir a caminar— durante tu receso, estimulas tu cerebro con efectividad, restaurando la fuerza de voluntad que necesitas para enfrentar tus siguientes 90 minutos de actividad.

Seguir el ritmo ultradiano es la forma más natural de aumentar tu concentración. Para aprovechar el ciclo corporal que te distingue, **descubre qué patrón funciona para ti y apégate a él. Al coordinar tus acciones con tu ritmo innato, aprenderás a responder a las señales de tu cuerpo** y asegurarte de mantener la concentración a lo largo del día.

**Conclusión:**

Todas las personas tienen distintos ciclos. Descubre el tuyo para aumentar tu concentración.

## Técnica 4: El Método Ivy Lee

▸ Para agudizar tu concentración, fija tus prioridades.

Todos sabemos lo que se siente estar rebasados de trabajo. Cuando nos abruman las responsabilidades, es difícil saber por dónde empezar, mucho menos cómo ser productivos. Al igual que con cualquier decisión, elegir qué hacer primero consume nuestra fuerza de voluntad; para cuando logramos determinar qué es lo más importante, lo más probable es que no tengamos la energía mental para concentrarnos en nuestra tarea.

**Para conservar nuestra fuerza de voluntad y aumentar nuestra concentración, necesitamos identificar nuestras prioridades** ***antes*** de que las cosas se nos salgan de las manos. Esto puede hacerse al utilizar una técnica centenaria de administración del tiempo llamada el Método Ivy Lee.

### Un método de seis pasos para incrementar la productividad

En 1918, Charles M. Schwab era presidente de la Compañía de Acero de Belén (Bethlehem Steel Corporation), una de las mayores acereras de Estados Unidos en aquella época. Con el deseo de incrementar la eficiencia de su equipo, se reunió con un consultor de productividad llamado Ivy Lee, quien más tarde se haría famoso como el padre de las relaciones públicas modernas. Lee le dijo a Schwab que podía incrementar la productividad de sus empleados al pedirles que siguieran seis sencillos pasos:

1) Al finalizar el día, escribe seis cosas que necesitas hacer mañana.
2) Enlista las tareas por orden de importancia.
3) Mañana cuando vayas al trabajo, dedícate a resolver la primera tarea. Ni siquiera pienses en la segunda hasta que termines la primera.

4) Una vez que hayas terminado la primera tarea, continúa con la segunda y así sucesivamente. No te preocupes por las tareas que no hayas logrado completar.
5) Incluye tus tareas inconclusas en una nueva lista para el día siguiente.
6) Repite este proceso todos los días.

Lee salió de la oficina de Schwab diciéndole a este hombre que podía pagarle dentro de tres meses, si quedaba satisfecho con los resultados. De inmediato Schwab compartió el método con su equipo ejecutivo; el desempeño de su compañía mejoró de forma dramática en cuestión de semanas. Tres meses después de su primera reunión, Schwab le hizo un cheque por 25 000 dólares a Lee —lo equivalente a más de 8.6 millones de pesos en la actualidad.

## Concéntrate en lo más importante

A estas alturas probablemente hayas notado que todas las estrategias para una buena administración del tiempo enfatizan el mismo punto: **la importancia de concentrarte en una tarea a la vez.**

El mayor obstáculo para la concentración efectiva es la necesidad de tomar decisiones. Al comprometernos con una sola tarea, reducimos el número de elecciones disponibles, con lo que conservamos nuestra fuerza de voluntad y aumentamos nuestra concentración. Pero, ¿cómo sabemos con qué tarea empezar?

Ahí es en donde entra el Método Ivy Lee. Al identificar nuestras prioridades, garantizamos que los asuntos más urgentes de la agenda se aborden primero. **Lo importante es completar cada tarea antes de continuar con la siguiente.** Si no logras tachar todas las cosas de tu lista, no te preocupes; al menos sabes que las tareas más importantes han sido resueltas y que les has dado toda tu atención.

No es necesario que hagas tu lista al final del día. Si lo deseas, puedes hacerla en la mañana antes de irte al trabajo. El punto es tener **una imagen mental clara de lo que debes resolver ese día**, para evitar desperdiciar el tiempo una vez que llegues a la oficina.

Aunque parezca sensato atacar la tarea más importante cada mañana, esto puede representar todo un reto cuando regresamos de un fin de semana relajante. Para quienes tienen problemas para concentrarse los lunes por la mañana, recomiendo agregar un asunto extra al principio de su lista. Al empezar con una actividad sencilla, puedes prepararte poco a poco para entrar en tu modo de trabajo, creando el impulso que necesitas para enfrentar la tarea más demandante del día.

**Conclusión:**

Realizar una tarea a la vez es la clave para una mejor concentración. Utiliza el Método Ivy Lee para identificar tus prioridades todos los días.

## Técnica 5: Crear espacio en tu agenda

▸ Mantente enfocado y motivado al darte espacio para respirar.

**Ya sea que queramos bajar de peso, obtener mejores calificaciones o adoptar un nuevo hábito, establecer reglas es una parte importante** en la consecución de cualquier meta. Sin embargo, cuando las reglas son demasiado rígidas, es fácil sentirse desanimado y desmotivado. Por ejemplo, si alguna vez abandonaste una dieta dos días después de iniciarla por comer después de una hora determinada, o dejaste de llevar un diario luego de saltarte un día, ya sabes a lo que me refiero.

**Aunque se requiere disciplina para desarrollar nuestra concentración, ser perfeccionista no ayuda mucho que digamos**. Lo sé porque yo soy así; tiendo a sentirme molesto cuando las cosas no salen como las planeé. Por ejemplo, todas mis mañanas están destinadas a la lectura y el aprendizaje. Sin embargo, a veces debo reacomodar mis horarios para incluir otras actividades. Esto altera mi rutina; la oportunidad de aprender cosas nuevas ese día se esfuma y ese hecho me molesta.

Por eso me gusta dejar un espacio libre en mi agenda. Saber que puedo ponerme al corriente con mi lectura en otro momento me ayuda a seguir motivado, incluso cuando me descarrilo. La vida es suficientemente estresante como para preocuparse por las oportunidades perdidas; **cuando nuestros planes no salen como queremos, lo importante es redirigir nuestra atención y comenzar de nuevo**.

En esta última sección, me gustaría compartir los métodos que utilizo para asegurarme de que tengo el tiempo suficiente para todas las cosas que quiero hacer. Al hacer espacio en tu agenda, puedes retomar el camino cuando las cosas no salgan de acuerdo con lo planeado, por lo que mantendrás la concentración necesaria para perseguir tu meta.

## Ocupa dos días de la semana para completar el trabajo inconcluso

Algunas personas se mantienen motivadas al establecer metas específicas diarias. Por lo general, las metas específicas involucran cifras específicas. Por ejemplo, yo procuro escribir una publicación para mi blog y tres tuits al día. Tener un objetivo claro me ayuda a mantenerme enfocado y motivado; sin embargo, al ser tan perfeccionista, me siento desanimado cuando mis otras responsabilidades me impiden cumplir ese objetivo.

Por esa razón establezco objetivos semanales en lugar de diarios. Al decirme a mí mismo que tengo una semana para completar mi tarea —siete publicaciones, 21 tuits—, puedo dirigir mi atención a asuntos más importantes sin sentir que he fallado.

Aunque es importante vivir cada día al máximo, también debemos recordar que somos humanos; **algunos días serán menos productivos que otros y necesitamos aceptar esa realidad**. Establecer objetivos semanales nos brinda flexibilidad, lo que nos libera de la carga de mantener el mismo nivel de productividad todos los días.

Para hacer que este método funcione, **es importante apartar un tiempo para terminar tareas inconclusas cada semana**. Sin importar cuán ocupado esté, siempre me aseguro de tener dos días a la semana para encargarme de cualquier trabajo pendiente. Esto puede hacerse durante los fines de semana si trabajas en una oficina. Tener dos días libres no sólo reduce el estrés, sino que también puede motivarnos a trabajar más rápido, de tal manera que podamos pasar nuestros días libres haciendo otras cosas.

## El efecto de licencia moral y cómo aprovecharlo

Cuando le digo a la gente que leo 20 libros al día, la mayoría asume que la búsqueda de la eficiencia es mi único propósito en la vida.

Bueno, pues se equivocan. De hecho, **hago hasta lo imposible por perder el tiempo todos los días**. Me gusta pensar en ello como mi "momento de flojera". Cada día paso entre una y dos horas haciendo cosas que no guardan ninguna relación con mi trabajo. Esto no sólo me ayuda a relajarme, sino que también me permite sacar provecho de un fenómeno psicológico llamado **efecto de licencia moral**.

Este efecto sucede cuando nuestro "buen" comportamiento nos hace sentir como que nos ganamos el derecho a ser "malos". Desobedecer en una dieta ("He trabajado muy duro esta semana, me merezco algo de pastel") y ser perezoso ("Ayer estudié durante todo el día, así que hoy no necesito hacerlo") son ejemplos de esto.

**Cuanto más duro trabajamos, más sentimos que tenemos el derecho de descansar**. Aunque no hay nada malo en relajarse después de un día largo, necesitamos mantener el control para evitar descarrilarnos.

Para eso sirve mi "momento de flojera". No importa cuán duro trabaje, no tengo la tentación de holgazanear porque ya lo hago a diario. Destinar una cantidad de tiempo específica cada día para actividades de esparcimiento no sólo nos ayuda a relajarnos, sino que también evita que tomemos acciones de las que quizá nos arrepintamos más adelante.

**Conclusión:**

Todos tenemos días buenos y días malos. Puedes prepararte para los malos al darte un poco de espacio.

*La magia de la concentración* de DaiGo
se terminó de imprimir en febrero de 2021
en los talleres de
Litográfica Ingramex, S.A. de C.V.
Centeno 162-1, Col. Granjas Esmeralda, C.P. 09810
Ciudad de México.